ふだん使いに！　キャンプに！　災害時に！

簡単・時短・手間いらず　**レシピ**

アイラップ。

JN097660

山と溪谷社

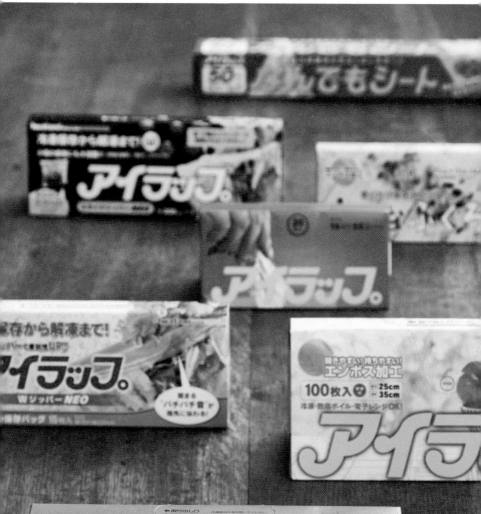

保存から解凍まで!
ジッパーで密閉性UP!!
アイラッフ。
Wジッパー NEO

閉まる
パチパチ音
が
が密に。になれる?

密閉バッグ

剥がしやすい! 持ちやすい!
エンボス加工
100枚入 25cm
35cm
冷凍・熱湯ボイル・電子レンジOK!
アイラ

取り出し口

秘のラ

60枚入

サイズ マチ付

25cm ヨコ × 35cm タテ

(ヨコ 21cm + マチ 4cm × タテ 35cm)

アイラッフ。

はじめに

　主に日本海沿岸の地域の人たちに愛用されていたポリ袋のアイラップ。一部の地域だけで絶大なるシェアを誇っていましたが、2018年に期間限定で始めた、アイラップ【公式】Twitterアカウントがバズり、その名が一気に日本全国へと知れ渡ることになりました。

　アイラップの特徴は、「食品用」として使うことができるところです。そのため、安心して衛生的に使用することができます。また、優れた耐冷・耐熱温度から、災害時の限られた環境での調理にも向いていることがわかり、テレビで取り上げられるなど、ますます注目を集めています。

　性能もさることながら、発売当初からほとんど変わらない昭和レトロなパッケージも、人々から愛されている所以だと思います。

　本書でアイラップの使い方をマスターして、より豊かで快適なアイラップライフを過ごしていただけたら嬉しいです。

　アイラップ大好き！

アイラップ愛好会

キッチンでも

いつでもどこでも
料理のお供に
袋のラップ、アイラップ

キャンプでも

CONTENTS

PART 1 ｜ アイラップ ｜ アイラップの基本

PART 2 ｜ 🏠 ｜ 日常使いのアイラップレシピ

PART 3　⛺　災害時に役立つアイラップレシピ

CONTENTS

(本書のレシピの見方)

サバトマトスープ …… ⏱30分

材料(2人分)
サバ(缶(水煮缶))…1缶
トマトソース…1缶(295g)
大根(いちょう切り)…200g
黒しょう…少々
白だし…少々
タバスコ…少々

作り方
1 材料をすべて袋に入れ、空気を抜いて袋の上のほうで結ぶ。
2 鍋に袋を入れて、25〜30分は湯煎して、大根が柔らかくなっていたら出来上がり。

だからアイラップ 同じ鍋で白米を湯煎して、ご飯にかければ即席リゾットにも！ — Ⓔ

保存食の定番を合わせたメインにも副菜にもなるあったか汁物メニュー！

包丁を使わずに子どもと一緒に作ることもできる！

アイラップ焼きそば …… ⏱20分 — Ⓐ

材料(2人分) — Ⓑ
もやし…1袋
千切りキャベツ…1袋
ちくわ…4本
焼きそば麺…2個
ウインナー…6個

— Ⓒ

作り方
1 もやしの袋に水を入れて口を持ってじゃぶじゃぶ洗い、水を切る。
2 袋にもやしとキャベツを入れて、その上に焼きそば麺を入れ、粉末ソースをかける。
3 ウインナーと竹輪を小さく切って2に加える。※沸いた湯でハサミの刃を消毒すれば、子どもでも手伝える。
4 3に水を小さじ1(分量外)を入れ、空気を抜いて袋の上のほうで結び、鍋に入れ、蓋をして5分湯煎したら火を止め、そのまま5分蒸らす。
5 袋の上から麺をほぐして全体を混ぜたら出来上がり。

Ⓟⓞⓘⓝⓣ
麺は加熱前にほぐすとボロボロになるので、加熱後にほぐします。 — Ⓓ

084

085

Ⓐ 目安となる調理時間を記入しています。
袋に入れてからの味の漬け込み時間などは含まないものもあります。

Ⓑ 人数表記は各レシピで異なります。分量の大さじ1は15mℓ、小さじ1は5mℓのこと。
「少々」「適量」はお好みで加減してください。

Ⓒ 加熱前の材料をアイラップに入れた状態の写真です。
口を結んで加熱するか、口を開いて加熱するか、作り方の手順を参照してください。

Ⓓ 調理や味つけ時など、おいしく仕上がるポイントを紹介しています。

Ⓔ アイラップを使うメリットや、賢い使い方、食べ方のポイントを紹介しています。

(調理の注意点)

① アイラップの耐熱温度は120度です。直接加熱することのないよう、耐熱皿を使用してください。

② 湯煎調理をするときは、中身がこぼれたり水が入らないよう、口をしっかり結んで調理しましょう。

③ 電子レンジで解凍するときは、口をあけて行ないます。結んだままだと爆発する恐れがあります。

1

アイラップ
の基本

アイラップを上手に使いこなすために
知っておいてほしい、
スペックや使い方、種類をまとめました。
はじめましてのあなたも、
愛用してくださっているあなたも、
安全に使うために、注意点までしっかり
読んでアイラップの達人になりましょう。

アイラップの種類

アイラップとは、岩谷マテリアル株式会社が開発した"ラップのように使える
高密度ポリエチレン製の袋"のこと。食品のストックや冷凍保存に使ったり、食材と調味料を
入れて揉み込んだり、電子レンジで加熱したりするほか、調理以外でも
幅広く利用できる。昭和51年のリリース以来、40年以上にわたり愛されている。

（ アイラップ ）

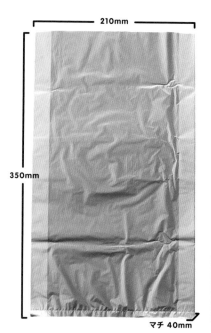

210mm
350mm
マチ 40mm

基本スペック

ポリエチレン製・60枚入り・マチ付き・
フィルムの厚さは0.009mm

耐冷＆耐熱温度

−30度〜120度まで

特 徴

薄手なのに軽くて丈夫で、1枚あたり4円ほどと
コストパフォーマンスもよい。特に、食品を冷凍
するときに使え、そのまま電子レンジや湯煎で解
凍調理できるなど、さまざまな使い方で料理を手
軽にしてくれる。

三角
パッケージが
目印！

指先で取り出せる
ティッシュボックスのような
デザインなので、調理中も
パッと引き出すことができる

懐かしさを感じる
パッケージデザインは、
40年間ほとんど
変わっていない

60枚入
サイズ
25cm×35cm

（ アイラップ ミニ ）

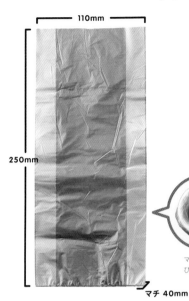

110mm

250mm

マチ 40mm

マグカップに
ぴったり！

基本スペック

ポリエチレン製・30枚入り・マチ付き・
フィルムの厚さは0.009mm

特　徴

アイラップを小さくした、小分け保存に適
しているミニタイプ。余ってしまった食品
を入れたり、即席の漬物を作ったり、子ど
ものおやつを個々に分けてあげたり。作り
おきのおかずもこのサイズに入れ冷凍すれ
ば、1人分ずつ解凍できる。

（ アイラップ 100 ）

基本スペック

ポリエチレン製・100枚入り・マチ付き・
フィルムの厚さは0.008mm

特　徴

アイラップをエンボス加工したものがア
イラップ100。サイズはアイラップと
同じだが、100枚入りと大容量でパッ
ケージデザインが新しい。エンボス加工
してあることで中のものがやや見えづら
いため、汚れ物入れとしても活躍する。

エンボス加工とは、
模様を浮き彫りにす
る加工のこと。袋に
ドット状のエンボス
加工がなされている
ことで手触りがよく、
開口性がよい。

210mm

350mm

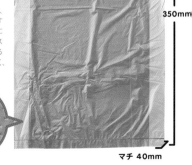

マチ 40mm

調理のメリット

アイラップを調理に取り入れると、洗い物を減らすことができたり、
時間短縮できたりと、いいことがいっぱい。
しっかりした作りなので、調理中に破けてしまうことも少ないのも嬉しいところだ。
災害時にも役立つ"パッククッキング"も覚えておこう。

（ 下ごしらえで使う ）

下味調理のときに

アイラップに、肉や野菜と調味料を入れて揉み
込んで下味をつけておく。この状態に仕込んで
おけば、調味料が肉の中にまでしっかり染み込
んでおいしくいただける。

混ぜ合わせるときに

ハンバーグや餃子などのひき肉料理のときは、
アイラップの中で材料を混ぜ合わせよう。ひき
肉とみじん切りにした玉ねぎ、スパイスをアイ
ラップに入れて練れば、手も汚れず便利。

アイラップにカットし
たじゃがいもを入れて
チン！ 指でつぶせば離
乳食作りもカンタン。

（ 保存に使う ）

冷蔵庫で保存する

食材をアイラップに入れて脱気し、保存してお
こう。下味調理したものをストックしておけば、
食事作りの時間も短縮できる。

冷凍庫で保存する

透明で中身がわかりやすく、脱気して口をしっかり
結んでおけば、におい移りの心配も少ない。この
まま電子レンジや鍋で加熱して調理できるのが楽。

（ 加熱調理に使う ）

電子レンジで

アイラップに入れた食材を電子レンジで加熱すれば、食材の旨みを逃すことなく調理できる。野菜の下ごしらえもシンプルな温野菜も、あっという間に出来上がり。

湯煎で

下味調理しておいたものを湯煎にかけるだけで、一品作ることもできる。湿度がある中でゆっくりと熱が加わっていくので、肉や魚は柔らかくジューシーに仕上がる。

（ 覚えておくと役立つ！パッククッキング術 ）

同時調理できる！

鍋に水を張り、耐熱皿の中に食材を入れたアイラップをのせて加熱していくと、いくつものおかずを同時に調理することができる。保温しておくこともできるから、家族の帰り時間がずれたときにも便利。

ご飯が炊ける！

アイラップにお米と水を入れて口を結び、鍋に耐熱皿を入れてアイラップをのせ、水を張って加熱していくと、ご飯を炊くことができる。1人分ずつ分けて作ることもでき、災害時にはこのまま食べれば洗い物の心配もない。

真空調理の基本

アイラップに食材を入れ、真空状態にして調理する"真空調理"では、
旨みをぎゅっと閉じ込めることができる。アイラップに包まれた食材は湿度を保ったまま
加熱されていくので、特に肉や魚はジューシーな仕上がりになり、
硬い根菜もしっとりと柔らかくすることができる。真空調理の手順を見ていこう。

材料をアイラップに入れる

ボウルの中でアイラップを広げ、食材と調味料を入れる。ボウルの中で行なうことで、液だれや材料がこぼれるのを防げる。

調味料を揉み込む

口の部分を手で押さえながら、食材にまんべんなく味がなじむよう調味料を揉み込む。押さえつけるのではなく、食材を袋の中で回転させるように行なう。

空気を抜いて真空状態にする

しっかりと空気を抜いて真空状態にし、口を結んでおく。結び目は解きやすいよう輪にしておこう。

→ 詳しくはP.17へ

加熱する

鍋に耐熱皿を入れてから食材を入れて加熱する。火が通りにくいものは蓋をして加熱すると時短になる。

→ 詳しくはP.18〜19へ

真空パックの作り方

真空調理の大切なところは、しっかり脱気すること。アイラップの口にストローを
差し入れて吸い込むのも効果的だが、調味料を吸ってしまう可能性が
あるので気をつけよう。水とボウルがあるなら下記に紹介する方法が最も簡単で確実だ。
冷凍保存するときも真空状態にしておくと霜がつきにくくなる。

ボウルに水を入れて水圧をかける

ボウルの中に水を張り、アイラップに入れた
食材を沈める。水圧がかかると気泡ができる
ので、空気を押し出すように食材をなでる。

口をしっかりねじる

脱気できたら、水に浸けたままの状態で口を
ぐるぐるとねじって空気が入らないようにす
る。上のほうで口を結ぶので長めにしよう。

口を結ぶ

輪を作ってくぐらせる、引き解き止め結びで
結んでおくと、あとで口を開くときに袋を切
らずにすむ。中に入っている調味料が浸透し
てこないようしっかり結ぶ。

完成

空気がきちんと抜けて、結び目が解けてこな
いようになっていたら出来上がり。この状態
で調理を始めよう。

炊飯器を使った低温調理法

真空状態にした食材を炊飯器の内釜に入れて保温すると、低温調理することができる。
一般的に炊飯器の保温は70度前後をキープしてくれるので、
火の入りがゆるやかで、塊肉も柔らかく仕上げることができる。ただし、
肉の中心部が規定の温度にならないと食中毒の心配があるので、レシピを参照して作ろう。

食材と調味料を入れて
真空状態にする

塊肉の場合は、あらかじめ前日からこの状態に下ごしらえしておくと、味が染み込む。

炊飯器の内釜に
70度のお湯を張る

食材の6〜8割くらいが浸かるよう、お湯を入れる。肉が室温に戻ったら3に進もう。

① を入れる

袋の口がお湯の中に入らないよう、結び目を上に向けて食材を沈める。

保温ボタンを押す

保温状態が続くと自動的に切れてしまう炊飯器もあるので、レシピどおりに保温できるか確かめておこう。

鍋を使った加熱調理法

真空状態にした食材を鍋で加熱すると、蒸したような食感の調理ができる。
旨みや風味を損ないにくく、多少加熱しすぎても焦げる心配がないので、
料理が苦手な方でも簡単に行なえる。また、余熱で火入れすることもできるので、
災害時やアウトドアなど限られた熱源で調理するときに有効だ。

食材と調味料を入れて
真空状態にする

食材すべてに同じように火が通るよう、硬いものは電子レンジで加熱して柔らかくしておく。

鍋に水を張って耐熱皿を入れ、
食材をのせる

耐熱皿の6割程度までの水位で調理を始めよう。加熱中に水が足りなくなったら差し水をする。

加熱する

ぐつぐつ煮ていくと、肉の色が変わり、食材に火が通っていくのが見えるので、レシピの時間に合わせて加熱しよう。

(余熱で火を通すときは…)

余熱調理するときは、温まった鍋をバスタオルや保温マットで包み、温度をキープしよう。食べるまでに少し時間があるときも、こうすることで温かくいただける。ただし、夏場は食材の温度管理に充分気をつけよう。

冷凍保存の仕方

冷凍するときはしっかりと空気を抜くことで、霜やにおいがつきにくく、
食材の保存状態をよくできる。食材を平らにならしておくと、解凍時間を短くできるので、
高さが出ないように形を整えよう。また、冷凍は固まるまでの時間が短いほど
食材へのダメージが少ないので、しっかり冷めてから冷凍庫に入れて。

空気を抜く

食材の周りに空気がたまらないよう、脱気する。水圧を使った脱気方法を使ってもいい。

口を結ぶ

口をねじってから縛る。このときも食材があとで取り出しやすいような結び方で。

平らにならす

ご飯の場合はあまり押さえつけすぎず、平たく形を整えよう。

容器に入れれば形崩れも防げる!

ご飯は一膳分ずつ、アイラップミニや小さな袋に入れ、こんなふうに冷凍保存しておけば、取り出しやすく、いくつあるのかも一目瞭然。

解凍の仕方

冷凍保存したものを解凍する方法は、電子レンジを使うものと湯煎解凍、
自然解凍の3種類。自然解凍する場合は、ドリップしないよう皿に入れたり
立てかけたりして行なおう。食材によっては食べる前日に冷凍室から冷蔵室に移して
解凍しても。電子レンジや湯煎を使う場合は、必ず耐熱皿を使うこと。

(電子レンジで解凍する場合)

耐熱皿に入れる

電子レンジを使うときは必ず耐熱皿に入れて
から加熱する。

口をあける

口を閉じたまま電子レンジにかけると破裂す
る可能性があるので、必ず口をあけて加熱し
よう。

(湯煎で解凍する場合)

耐熱皿に入れる

袋に入れた食材を耐熱皿にのせる。耐熱皿な
しで行なうとアイラップが溶ける可能性があ
るので注意しよう。

熱湯の中に入れる

お湯の中に耐熱皿ごと入れ、蓋をして温度を
キープしておこう。お湯の温度が下がったら
少し加熱して温める。

調理の注意点

どんなことにも向いているアイラップだが、調理に使うときに気をつけて
おきたいことを覚えておこう。直接火が当たるような使い方はできないので、
やけどやケガをしないよう注意して、効率よく調理しよう。

（ 温度には気をつける ）

アイラップの耐熱温度は120度。それ
以上になると溶けたり火事につながるこ
ともあるので、必ず守ろう。オーブンや
トースター、鍋での直接の加熱は絶対に
してはいけない。鍋にアイラップを入れ
て使う場合は、必ず耐熱皿とセットで行
なうように。

（ 湯煎解凍 ）

加熱中に口が開かないようにする

湯煎中に袋の口が開いてしまうと、せっかく
の料理に水が入ってしまったり、調味料が流
出てしまったりするので、口をしっかり結
んでから加熱しよう。

（ レンジ解凍 ）

耐熱皿にのせる

電子レンジで加熱するときも、湯煎のときと
同じように必ず耐熱皿を使用しよう。場合に
よっては電子レンジの底が熱くなりすぎて、
アイラップが溶けてしまう。

（ 電子レンジを使う場合 ）

口をあけてレンジにかける

湯煎解凍とは反対に、電子レンジで解凍するときは、口をあけてから行なう。口を結んだままだと爆発する恐れがあるので注意しよう。

穴をあけてもOK

調味料が流れ出ないようなものであれば、楊枝で穴をあけて加熱してもよい。

---------------- （ ジッパータイプの注意点 ） ----------------

八分目以上入れない

あまりに上まで入れてしまうと、冷凍保存するときは特に、しまっていたジッパーが膨張して開いてしまう可能性もあるので、八分目くらいまでにしておこう。

煮沸しない

ジッパータイプの2種類は、直接鍋で煮沸できないので、解凍は電子レンジで行なおう。また、スープ類はこぼれないよう立てかけてから加熱すること。

しっかり閉じる

ジッパーがきちんと閉まっているか、閉じたあとに確認してから保存しよう。スライド式はツマミが外れてしまわないよう軽く押さえて閉めること。

さまざまなアイラップ

アイラップには、ほかにもジッパー付きのタイプや小袋、
おにぎり用、シートタイプのものなどがあり、すべてを合わせると8種類になる。
それぞれの特徴を見ながら、おすすめの使い方を紹介しよう。

（ アイラップWジッパー NEO ）

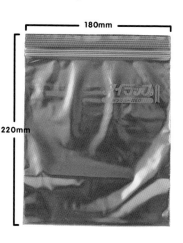

180mm

220mm

基本スペック

15枚入り・フィルムの厚さは0.06mm

特 徴

マチなしで平たく食材を保存しておけるジッパータイプ
のアイラップ。ダブルジッパーでしっかり留まり、食材
の漏れを防ぐ。冷蔵はもちろん、冷凍での使用も可能。

（ アイラップスライドジッパー NEO ）

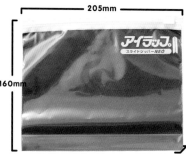

205mm

160mm

マチ 40mm

基本スペック

10枚入り・フィルムの厚さは0.06mm

特 徴

下部にマチがありスタンドするので、液体を入れる
のにも適したスライド式のジッパー付きバッグ。

（ 小さなふくろ ）

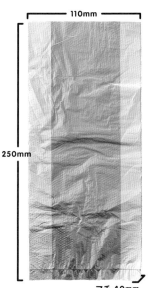

110mm
250mm
マチ 40mm

基本スペック

ポリエチレン製・30枚入り・マチ付き・
フィルムの厚さは0.008mm

耐冷＆耐熱温度

－30度〜120度まで

特　徴

アイラップミニにエンボス加工を施したタイ
プ。使いかけの食材や一膳分のご飯を入れる
などに適している。

---------------- （ 使い方 ） ----------------

**使いかけ食材の
保存バッグとして**

玉ねぎ半玉など、残ってし
まった食材を入れておくこ
とで、空気に触れる面を少
なくでき、衛生的。

**食パン1枚が
ぴったりのサイズ!**

食パンを入れるのにちょう
どよいサイズなので、1枚
ずつ小分けにして冷凍する
ときにも便利。

**ご飯の
冷凍保存にも**

一膳分ずつ盛ったご飯を入
れて冷凍しておけば、いつ
でもおいしいご飯がいただ
ける。

（ おにぎりぽっけ ）

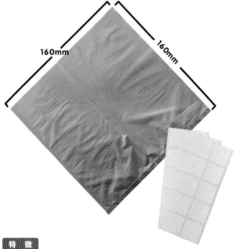

160mm　　160mm

基本スペック

ポリエチレン製・30枚入り・
フィルムの厚さは0.009mm

特　徴

ご飯を入れてシートごと握ると、三角のおにぎりが上手
にできるおにぎり専用シート。素手で握らず衛生的で、
そのままお弁当に持っていきやすい。シールに中身の具
材やメッセージを書けるのも楽しめるポイント。

- - - - - - - - - - - - - - - - - - -　（ 使い方 ）　- - - - - - - - - - - - - - - - - - -

① ご飯を入れる

押しつけず、ふわっとご飯を入
れるのがおいしいおにぎりを作
るコツ。

② フィルムを折りたたむ

フィルムごと握って三角に形を
整えたら、端から折りたたんで
いく。

③ シールを貼る

おにぎりの対角にある角を丸め
るようにして、シールで留める。
具材名など書き込もう。

（ なんでもシート ）

基本スペック

ポリエチレン製・50枚入り・
フィルムの厚さは0.015mm

特 徴

主婦の声から生まれた、ラップと
同じ大きさのシート。作業台を汚
さないよう保護したり、においや
色移りしにくくなるように使った
りできる。ラップのようにくっつ
かないので扱いやすい。

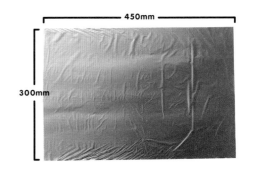

---------------------- （ 使い方 ） ----------------------

においや汚れを防ぐ

まな板を汚したくないとき、洗
い物を増やしたくないときに一
枚敷いてから作業すると便利。
※包丁の刃で切れることがあり
ます

くっつきやすい食材に使う

クッキーやパン生地などのくっ
つきやすい食材は、シートを広
げた上が調理しやすい。

ラッピングに使う

パンや焼き菓子を包んで持って
いくなど、ラッピング材として
も使うことができる。

アイラップの歴史

1976年に誕生したアイラップは、40年以上経った今も変わらず愛され、
ロングセラーとなっている。発売当初から年間600万個売り上げる大ヒット商品が
どのように生まれたのか、開発の経緯やパッケージの移り変わりを、
岩谷マテリアルの広報担当者と会社OBに聞いた。

Q. アイラップが作られた経緯を教えてください。

A. 昔はティッシュもたたんで重ねたものを包装しただけでしたが、箱型になったことで収納や整理にも便利になりました。ポリ袋も以前からある商品ですが、箱に入れることで便利度を上げました。最初のうたい文句は"ポリ袋がティッシュのように箱入りになりました!!"だったんですよ。

Q. 商品開発ではどんなところに苦労しましたか?

A. 枚数や形状でしょうか。アイラップは60枚入りなのですが、1日に2枚使ったとして1カ月分になるということで決まったようです。実は、当初はあの三角のパッケージが「陳列しづらい」と言われたこともあったのですが、それを個性としてとらえ、崩さず走った経緯もあります。

Q. アイラップの名前の由来は何でしょうか?

A. 「アイ」は「岩谷」のIからつけて、ラップは「袋」からきていると聞いています。開発当初は家庭用のゴミ袋もあったのですが、こちらはアイパックと名づけられていました。正式名称は「アイラップUF」なのですが、この「UF」は原料を表わす記号です。

Q. 商品化にあたり、大切にしたことは何ですか?

A. 箱に入れたことで、ポリ袋がどこにでも置ける便利なアイテムになったので、一枚一枚がスムーズに取り出せるような材質を使用しています。食材を入れるものでもありますから、清潔な状態で保管しておけるようにも考えました。

Q. どうしてポリ袋を アイラップと 呼ぶ地域が あるのですか?

A. 実は山形県の小売店「ヤマザワ」のオーナーさんが気に入ってくださって、大量の商品を陳列していただいたのが始まりです。粗品で配布していただいたり、テレビ広告の協力もしていただいたり。そこを起点に日本海側へと流れて、安定販売市場ができた次第です。

Q. アイラップから 派生して生まれた 商品について 教えてください。

A. アイラップ100やギフト用など、これまでにさまざまな商品が誕生しているのですが、売れ行きが芳しくなくて廃番になった商品もあります。現在残っている商品のなかでは、ミニ以外は2014年以降に商品開発したものです。なんでもシートは2020年に販売を開始した最新の商品です。

Q. パッケージの 移り変わりについて教えてください。

発売当初のアイラップのパッケージ。手で取り出せるという説明は側面のイラストで表現

当時の宣材写真。指でつまんで取り出せるという点を強調して伝えた

A. 発売当初からデザインはほぼ変わっていません。現在のパッケージになってからも、何度か色やデザインについて変更の検討はしているのですが、山形・新潟・北陸地区のお客さんからの強い反対を受け、現在も同じパッケージで販売しています。ただ、底面の説明書きなどは適宜見直して、わかりやすく改善しています。

2

日常使いの
アイラップレシピ

アイラップを使って、ひとつの鍋で
複数の料理を同時に作りましょう!
袋のままで揉むので手も汚れず衛生的で、
洗い物の数も激減して、いいことづくめです。
一度扱い方を覚えれば、
その使い勝手のよさに
リピートしてしまうこと間違いなし!

(一家に一箱！
アイラップで手間いらず)

フードスタイリストは、広告や書籍に使用する料理を作る仕事です。一日に何食もの食事を作ることが多いので、フライパンや鍋など、毎回大量の洗い物が出てしまうのですが、アイラップに出会ってからは、ひとつの鍋にお湯を沸かして、袋に入れた食材を入れていくだけ。鍋などの大物の洗い物が極端に減り、効率的に料理を作ることができるので重宝しています。それに、まったく違う料理がひとつの鍋の中で複数できるので、調理時間も短縮されて、いいことばかりです。

味の面でも、湯煎調理をすると食材が100度以上になることがないので、肉や魚などタンパク質の多い食材は柔らかくしっとり仕上がります。撮影で使用した食事はスタッフで食べるのですが、「柔らかくて美味しい！」と好評です。最近、自宅用に低温調理機を購入して、さっそく活躍してもらっていますよ。

とても便利なので、ぜひ『アイラップレシピ』で料理を手間なく楽しみながら作っていただけたら嬉しいです。

しらいしやすこ

フードコーディネーター。フードコーディネーター養成学校を卒業後、料理家のアシスタントを経て、独立。現在は、企業広告や書籍、雑誌、CM、WEBなどの撮影から家庭的なレシピまで、レシピ開発から料理制作、スタイリングまでをこなす。趣味は山登りとパン作り。

（ 献立｜和定食 ）

ブリの照り焼き定食

⏱ 30分

材料（1人分）

（ ブリの照り焼き ）

ブリの切り身 … 1切れ

しょうが（薄切り／チューブでも可）
… 2枚
（チューブなら小さじ1/2程度）

A｜ しょう油 … 大さじ1
　 砂糖 … 大さじ1
　 みりん … 大さじ1
　 酒 … 小さじ2
　 片栗粉 … 小さじ1

しそ … 1枚

（ 蒸しナスのごまポン酢 ）

ナス（皮をむいて縦4等分）… 1本
かつお節 … 少々（なくても可）

B｜ ポン酢 … 大さじ1/2
　 ごま油 … 小さじ1/2
　 すりごま … 少々

（ レンコンの青のりきんぴら ）

レンコン（5mm薄切り）… 50g
青のり … 適量

C｜ 酒 … 大さじ1
　 和風だしの素（顆粒）… 小さじ1/2

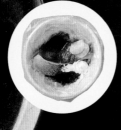

作り方

1　袋にしょうがと**A**を入れ、調味料をしっかり溶かす。

2　ブリの切り身を入れてなじませ、空気を抜いて袋の上のほうで結ぶ。

3　別の袋にレンコンと**C**を入れ、空気を抜いて袋の上のほうで結ぶ。

4　鍋に**2**のブリを入れて、10分湯煎する。同様に**3**のレンコンを入れて、5分湯煎する。

5　別の袋にナスを入れる（袋の口は結ばない）。電子レンジ（500W）で2分30秒加熱する。

6　ナスに**B**を加えて和え、器に盛りつけ、かつお節をふる。

7　レンコンに青のりを和え、器に盛りつける。

8　ブリを袋から出し、皿に盛りつけ、しそを添える。

だからアイラップ　袋の中でしっかり調味料を溶かすことで、味のムラがなくなります。

豚バラ白菜定食 ⋯⋯ ⏱30分

豚バラ肉のうまみが
染み込んだとろとろ
白菜でご飯がすすむ

材料(1人分)

（ 豚バラ白菜 ）
白菜（ざく切り。芯の部分はそぎ切り）… 100g
豚バラスライス肉（一口大）… 4枚
にんにく（スライス）… 1片
A 酒 … 大さじ1
  鶏ガラスープの素 … 小さじ1
  しょうが、にんにく（チューブで可）… 各1cmくらい
  しょう油 … 小さじ1/2

（ さつまいもと白味噌のサラダ ）
さつまいも（1cmの輪切り。大きければ半月切り）
  … 100g
ウインナー（1cmの輪切り）… 2本
粗びきブラックペッパー … 少々
B マヨネーズ … 大さじ1
  白味噌（合わせ味噌でも可）… 小さじ1/2

（ ブロッコリーのおかか和え ）
ブロッコリー（小さめの小房に分ける）… 50g
めんつゆ（2倍濃縮）… 小さじ1
かつお節 … 適量

作り方

1 袋にAを入れて調味料をよく溶かす。豚バラ肉を加えてよく揉み込み、続いて白菜とにんにくも入れて、空気を抜いて袋の上のほうで結ぶ。

2 別の袋にブロッコリーを入れる。空気を抜いて、袋の上のほうで結ぶ。ウインナーも同様に別の袋に入れる。

3 さつまいもはさっと水にくぐらせ、あまり重ならないように別の袋に入れて（袋の口は結ばない）、電子レンジ（500W）で5〜6分加熱する。

4 鍋に1の白菜の袋を入れて、15分湯煎する。同様に2のブロッコリーとウインナーの袋も入れ、5分湯煎する。

5 3のさつまいもに火が通ったら、ウインナーとBを加えて混ぜ、皿に盛りつけてブラックペッパーをふる。

6 ブロッコリーはめんつゆとかつお節を和えて、器に盛りつける。

7 白菜の袋を取り出し、器に盛りつける。

だからアイラップ ブロッコリーは電子レンジで加熱することもできます。

牛皿定食 ····· ⏱ 30分

甘辛い味つけと
柔らかいお肉で
お箸が止まらない!

材料（1人分）

（ 牛皿 ）

牛肉切り落とし（一口大）
　…120g
玉ねぎ（薄切り）… 1/4個（50g）
しょうが
　（千切り／チューブでも可）
　…5g
A　砂糖 … 大さじ1
　　酒…大さじ1
　　しょう油 … 大さじ1

（ 塩蒸しかぼちゃ ）

かぼちゃ（一口大）… 80g
B　酒 … 大さじ1
　　塩 … 少々

（ 豆苗とツナの塩こんぶ和え ）

豆苗（3等分）… 1/2袋（50g）
C　ツナ缶 … 1/2缶
　　塩こんぶ … ひとつまみ
　　酢 … 小さじ1

作り方

1. 袋にAを入れて調味料をよく溶かす。玉ねぎと牛肉を入れて揉み込んで、空気を抜いて袋の上のほうで結ぶ。

2. 別の袋に豆苗を入れ、空気を抜いて袋の上のほうで結ぶ。

3. かぼちゃを別の袋に入れ、Bを入れて混ぜる。あまり重ならないように袋に平らに並べ、電子レンジ（500W）で5分加熱する（袋の口は結ばない）。

4. 鍋に　の牛肉の袋を入れて、15分湯煎する。同様に、　の豆苗も5分湯煎する。

5. 3のかぼちゃに火が通れば、器に盛りつける（固ければ1〜2分追加する）。

6. 豆苗にCを加えて和え、器に盛りつける。

7. 牛肉を器に盛りつける。

〈 ワンポイント 〉
かぼちゃは竹串がスッと入るくらいが目安です。

回鍋肉定食 ⋯⋯ 🕐 40分
ホイコーロー

材料（1人分）

（ 回鍋肉 ）

豚バラスライス肉（一口大）
　… 100g（3枚）
キャベツ（ざく切り）… 100g
ピーマン（乱切り）… 1個
にんにく、しょうが（みじん切り）
　… 5g
A テンメンジャン … 大さじ1
　砂糖 … 小さじ1
　しょう油 … 小さじ1
　酒 … 小さじ1
　片栗粉 … 小さじ1/2
　トウバンジャン … 少々

（ もやしのナムル ）

もやし … 100g
白すりごま … 大さじ1/2
B ごま油 … 小さじ1
　鶏ガラスープの素 … 小さじ1/2
　にんにく（チューブで可）… 1cmくらい

（ チャーハン ）

卵 … 1個
C ハム（1cm角）… 2枚
　長ネギ（みじん切り）… 3cmくらい
　しょう油 … 少々
　鶏ガラスープの素 … 小さじ1
　ごま油 … 小さじ1
ご飯 … 150g

作り方

1　袋にAを入れて調味料をよく溶かし、豚肉を入れる。キャベツ、ピーマン、にんにく、しょうがも加えて混ぜ、空気を抜いて袋の上のほうで結ぶ。

2　別の袋にもやしを入れ、空気を抜いて袋の上のほうで結ぶ。別の袋に卵を入れてよく揉み、Cの材料を加えて同様に結ぶ。

3　鍋に1の回鍋肉の袋を入れ、15分湯煎する。もやしの袋とチャーハンの具の袋も入れ、ふたつとも5分湯煎する。

4　もやしの袋を取り出し、水気を切って、Bと和え、器に盛りつける。チャーハンの具の袋も取り出し、ミトンか布巾などで覆ってよく揉む。袋を開けてご飯を加え混ぜ、皿に盛りつける。

5　回鍋肉の袋も取り出し、皿に盛りつける。

ワンポイント　ご飯を混ぜるときは、米粒をつぶさないように注意しよう！

中華鍋いらずの
新しい中華定食！

ルーローファン

魯肉飯定食 …… ○

本格台湾料理も
袋に入れて
湯煎するだけ!

材料(1人分)

（ 魯肉飯 ）

豚バラブロック肉
　（薄切りでも可、1cm角）
　… 150g
にんにく、しょうが
　（みじん切り／チューブでも可）
　… 各5g
卵 … 1個
ご飯 … 適量
A 砂糖 … 大さじ1/2
　酒 … 大さじ1/2
　しょう油 … 大さじ1/2
　オイスターソース … 大さじ1/2
　水 … 大さじ1
　五香粉 … 少々
　フライドオニオン(市販品) … 大さじ1

（ 青菜にんにく ）

小松菜(5cm長さ) … 2株
B にんにく
　（スライス／チューブでも可）
　… 1片
　ごま油 … 小さじ1/2
　塩 … 小さじ1/4
　砂糖 … ひとつまみ

（ 豆乳のスープ ）

C 豆乳 … 150ml
　豆腐(好みのもの、2cm角) … 50g
　鶏ガラスープの素 … 小さじ1
万能ねぎ(小口切り) … 2本くらい
塩、白ごま、ラー油 … 少々
フライドオニオン … 少々

作り方

1　袋に豚バラブロック肉とにんにく、しょうが、A入れて空気を抜いて、袋の
　上のほうで結ぶ。

2　別の袋に小松菜とBを入れて、同様に結ぶ。同じように、別の袋にCを入れる。

3　鍋に1の魯肉飯の袋を入れ、20分湯煎する。2の小松菜の袋も入れて5分、
　豆乳スープの袋も入れて10分湯煎する。鍋に卵を殻ごと入れて、8分茹でる。

4　小松菜の袋を取り出し、皿に盛りつける。豆乳スープの袋も取り出し、味
　をみて塩を足して、器に盛り、白ごま、万能ねぎ、フライドオニオンをの
　せて、ラー油をまわしかける。

5　卵を取り出し、水にとる。粗熱が取れたら殻をむいて半分に切る。

6　魯肉飯の袋を取り出し、ご飯を盛ったどんぶりの上にかける。

ⓌⓄⓃⓅⓄⒾⓃⓉ スープを器に盛りつけるときは、とても熱いので要注意！

ハンバーグ定食 ····· ⏱ 45分

手を汚さずに
作れるのが嬉しい!

だからアイラップ 肉汁が閉じ込められる
のでジューシーな仕上がりになります!

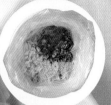  

材料（1人分）

（ ハンバーグ ）

玉ねぎ（みじん切り）
　… 1/4個（50g）
合びき肉 … 100g
A 卵 … 1/2個
　パン粉 … 大さじ2
　牛乳 … 大さじ1
　塩、こしょう … 少々
B ケチャップ … 大さじ2
　ウスターソース（中濃でも可）
　　… 大さじ1
　酒 … 大さじ1
　コンソメ（顆粒）… 小さじ1/2
　バター … 5g

（ シンプルパスタ ）

パスタ（半分に折る）… 50g
C 水 … 200ml
　オリーブオイル … 小さじ1
にんにく（みじん切り／チューブでも可）
　… 5g
塩、きざみパセリ（ドライでも可）… 少々

（ ポテトサラダ ）

じゃがいも（1cm角）… 1個（100g）
ブロッコリー（小房に分ける）… 3房
ベーコン（短冊切り）… 1枚
D マヨネーズ … 大さじ1
　粒マスタード … 小さじ1
　塩、粗びきブラックペッパー … 少々

作り方

1 袋に玉ねぎと合びき肉、**A**を入れてよく揉み、袋の中で丸くする。空気を抜いて袋の上のほうで結ぶ。**B**も袋に入れて、空気を抜き、同様に結ぶ。

2 袋にパスタと**C**を入れて、同様に結ぶ。別の袋にじゃがいも（袋の口は結ばない）、また別の袋にブロッコリー、ベーコンを入れる。

3 鍋に**1**のハンバーグの袋を入れ、30分湯煎する。パスタの袋とソースの袋、ブロッコリーの袋も鍋に入れ、10分湯煎する。じゃがいもの袋は電子レンジ（500W）で3分加熱する。

4 レンジからじゃがいもの袋を取り出して粗くつぶし、ブロッコリー、ベーコンと**D**を混ぜて器に盛りつける。

5 パスタの袋を取り出し、ミトンか布巾などで覆って中の水を出す。にんにくと塩、パセリを加えて和える。

6 ハンバーグとソースの袋も取り出し、皿に盛りつける。

はちみつチキン定食 ····· 🕐 45分

だからアイラップ 湯煎とはちみつの相乗
効果で、鶏肉が柔らかく仕上がります。

はちみつの
やさしい甘みが
食欲をそそります！

材料（1人分）

（ はちみつチキン ）

鶏もも肉（一口大のそぎ切り）… 1/2枚
玉ねぎ（薄切り）… 1/4個
にんにく（スライス／チューブでも可）
　… 5g
A しょう油 … 大さじ1
　 酒 … 小さじ1
　 はちみつ … 大さじ1

（ コンソメピラフ ）

ベーコン（短冊切り）… 1枚
ピーマン（5mm角）… 1/2個
にんじん（5mm角）… 20g
C コンソメ（顆粒）… 小さじ1/2
　 バター … 10g
　 塩、粗びきブラックペッパー … 少々
ご飯 … 150gくらい

（ 彩り野菜のバター蒸し ）

黄パプリカ（細切り）… 30g
にんじん（千切り）… 30g
B バター … 5g
　 塩 … 少々

作り方

1 袋に**A**を入れてよく混ぜ、鶏もも肉と玉ねぎ、にんにくを入れる。空気を抜いて袋の上のほうで結ぶ。

2 別の袋にパプリカとにんじん、**B**を入れて同様に結ぶ。別の袋にベーコン、ピーマン、にんじんと**C**を入れ同様に結ぶ。

3 鍋に鶏もも肉の袋を入れ、20分湯煎する。にんじんとパプリカの袋も入れ、10分湯煎する。ピラフの具の袋も入れ、5分湯煎する。

4 ピラフの具の袋を取り出し、温かいご飯を入れて混ぜ、皿に盛りつける。パプリカとにんじんの袋も取り出し、皿に盛りつける。

5 鶏もも肉の袋も取り出し、皿に盛りつける。

（ ワンディッシュ ）

カレーうどん

···· 🕐 25分

材料（2人分）

豚バラ薄切り肉（一口大）… 4枚
玉ねぎ（薄切り）… 1/4個
しょうが（千切り）… 1/2片
万能ねぎ（小口切り）… 3本
A 水 … 400ml
┃ カレールウ（細かく刻む）… 2かけ（約40g）
┗ めんつゆ（2倍濃縮タイプ）… 小さじ2
茹でうどん … 2袋

作り方

1 袋にうどん1玉と水（分量外。うどん1袋に対
   して100ml）を入れて空気を抜いて上のほ
   うで結ぶ。これを2個作る。

2 袋にAとしょうが、玉ねぎ、豚バラ肉を入れる。

3 1と2をそれぞれ鍋に入れ、15分湯煎する。

4 それぞれ器に盛り、万能ねぎをのせる。

ワンポイント

豚肉と調味料は、湯煎する前に軽く揉んでおくと
固まりにくいです。

袋を分ければ
甘口と辛口の2種類を
一緒に作ることも！

塩麹でうまみが濃縮！
作り置きにもバッチリ

（ ワンディッシュ ）

塩鶏そぼろ丼

····· 🕐 **20分**

材料（2人分）

鶏ひき肉 … 80g
卵 … 1個
A 塩麹 … 小さじ2
└ しょうが（すりおろし、チューブでも可）… 少々
B 砂糖 … 小さじ1/2
└ 塩 … 少々
絹さや（あれば）… 2枚
ご飯 … 2人分

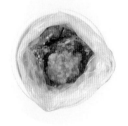 

作り方

1 袋に鶏ひき肉と**A**を入れてよく揉み、空気を抜いて袋の上のほうで結ぶ。別の袋に卵と**B**を入れてよく揉み、同様にする。

2 1を10分湯煎する。鍋のあいている部分で絹さやをさっと茹で、斜め半分に切る。

3 2の袋を取り出し、布巾などに包んで揉んで細かくし、器に盛ったご飯の上に、半量ずつのせる。絹さやを添える。

だからアイラップ 少し多めに作ったらそのまま冷凍保存して、お弁当に使っても！

ラタトゥイユペンネ ····· 🕐 45分

材料（2人分）

玉ねぎ、黄パプリカ（1.5cm角）… 各1/4個
ナス（1.5cm角）… 1本
ズッキーニ（1.5cm角）… 1/2本
トマト（ざく切り）… 1個（約200g）
にんにく（粗みじん）… 1片
A オリーブオイル … 小さじ1
　 コンソメ（顆粒）… 小さじ2
　 はちみつ … 小さじ2
　 塩 … 小さじ1/2
ペンネ … 80g
オリーブオイル … 小さじ1

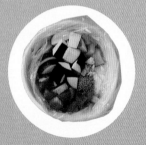

作り方

1 野菜とAを袋に入れ、空気を抜いて袋の上のほうで結ぶ。

2 ペンネとオリーブオイルを袋に入れ、ペンネが浸かるように水（分量外）を入れて空気を抜いて袋の上のほうで結ぶ。

3 野菜は30分、ペンネは10分湯煎する。

4 皿に盛りつけ、オリーブオイル（分量外）をまわしかける。

ワンポイント

トマトをトマト缶に変えて、トマトベースのパスタにアレンジもできる！

野菜にじっくり
火が通るので
素材の味が引き立つ!

ホームパーティーにも
ピッタリな華やかさ!

（ ワンディッシュ ）

サーモンのコンフィ
サラダ仕立て ····· 🕐20分

材料（2人分）

刺身用サーモン … 150g
ハーブソルト … 1.5g（サーモンの重量の1％）
オリーブオイル … 大さじ2
好みの葉野菜 … 適量
バケットなど好みのパン（大きめに切る）… 50g
酢（またはワインビネガー）… 大さじ1と1/2

作り方

1 サーモンにハーブソルトを塗り込み、袋に入れる。オリーブオイルも入れて空気を抜き、袋の上のほうで結ぶ。

2 鍋に1を入れ8分湯煎する。パンは軽く焼いておく。

3 皿にちぎった葉野菜と、粗くほぐしたサーモン、パンを盛りつける。

4 サーモンの袋に残ったオイルに酢を入れて混ぜ、3にまわしかける。

ワンポイント

酢とオイルは分離しやすいので、しっかりと混ぜましょう。

懐かしナポリタン …… ⏱ 25分

材料（2人分）

玉ねぎ（薄切り）… 1/4個
ピーマン（細切り）… 2個
ウインナー（斜め切り）… 5本
A ケチャップ … 大さじ6
　トマトペースト … 1本（8g）
　しょう油 … 小さじ1
　バター … 15g
パスタ（半分に折る）… 160g
オリーブオイル … 小さじ2
粉チーズ … （好みで）適量

作り方

1 切った野菜とウインナー、**A**を袋に入れてよく揉み、空気を抜いて袋の上のほうで結ぶ。

2 パスタとオリーブオイルは半量ずつ袋に入れ、それぞれ浸かるように水を入れて、空気を抜いて袋の上のほうで結ぶ。

3 **1**と**2**、それぞれ10分湯煎する。

4 袋を取り出し、ソースのほうの袋の口をあけておく。パスタの袋を1袋ずつ、お湯を捨ててほぐし、ソースの袋に入れる。

5 袋の中で混ぜ、皿に盛りつける。好みで粉チーズをかける。

（ワンポイント）

パスタは規定の時間を目安に、ときどき茹で加減をチェック。

しょう油をひとさじ
入れることで一気に
レトロな味わいに

にんにくベースの
たれで
ご飯がすすむ!

(ワンディッシュ)

カオマンガイ ···· 🕐 25分

材料(2人分)

鶏もも肉
　　（厚みを均一にし、半分に切る）… 1枚
塩 … 鶏肉の重量の1%
A 酒 … 小さじ2
　│ しょうが(スライス) … 5g
　└ にんにく(スライス) … 1片
B にんにく、しょうが(すりおろし) … 各5g
　│ 長ねぎ(みじん切り) … 10cm
　│ しょう油、オイスターソース、ナンプラー … 大さじ1/2
　└ 味噌、砂糖、酢 … 小さじ1
ご飯 … 適量
パクチー … (好みで)適量

作り方

1　鶏もも肉に塩をなじませ、Aと一緒に袋に入れる。空気を抜いて上のほうで結ぶ。 Bも袋に入れ、空気を抜いて上のほうで結ぶ。

2　1を15分湯煎する。

3　2を取り出し、鶏肉を食べやすい大きさに切る。ご飯と一緒に盛りつけ、タレをかける。好みでパクチーを添える。

ⓌⓄⓃⓅⓄⒾⓃⓉ
鶏むね肉に変えれば、よりヘルシーに！

(ワンディッシュ)

プルコギ ····· 🕐 25分

材料（2人分）

牛肉切り落とし（一口大）… 200g
玉ねぎ（薄切り）… 1/4個
ニラ（5cm長さ）… 1/2束（約50g）
A にんにく、しょうが（みじん切り）… 5g
　しょう油 … 大さじ1と1/2
　酒、砂糖 … 大さじ1
　コチュジャン … 小さじ1
　ごま油 … 大さじ1/2
　いりごま … 小さじ2

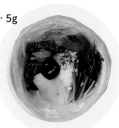

作り方

1 牛肉と野菜、Aを袋に入れてよく揉み、
　空気を抜いて袋の上のほうで結ぶ。

2 1を15分湯煎する。

3 皿に盛りつける。

だからアイラップ　しっかり揉み込むのがおいしくなる秘訣！

食材も調味料も
ひとつの袋に
入れるだけ!

タラムチャウダー
（スープ）

⏱ 30分

材料（2人分）

玉ねぎ（1cm角）… 1/4個
じゃがいも（1cm角）… 1/2個
にんじん（1cm角）… 40g
A ベーコン（短冊切り）… 30g
　あさり（砂抜き）… 100g
　バター … 15g
　牛乳 … 300ml
　コンソメ（顆粒）… 小さじ1
　塩 … 少々

作り方

1 袋に材料をすべて入れ、空気を抜いて袋の上のほうを結ぶ。

2 1を18〜20分湯煎する。

3 あれば、クラッカー（分量外）などを添える。

具だくさんなのでこの一品だけでも満足！

ワンポイント

牛乳の1/3量を生クリームに変えても、コクのあるリッチな味わい！

ほっこりじんわり
クリーミーな味で
ひと息つきましょう

(スープ)

コーンクリームスープ ····· ⏱20分

材料（2人分）

コーンクリーム（缶）
　…1缶（約180g）
牛乳…100ml
バター…10g
コンソメ…小さじ1
塩…少々

作り方

1 すべての材料を袋に入れ、空気を抜い
　て袋の上のほうを結ぶ。

2 15分湯煎する。

3 あればクルトン（分量外）などをのせる。

ワンポイント

コーン缶をプラスして、食感を楽しむ
アレンジをしても◎。

（　スープ　）
ミネストローネ ····· 🕐 35分

材料（2人分）

玉ねぎ（薄切り）… 1/4個
じゃがいも（1cm角）… 小さめ1個
にんじん（1cm角）… 40g
にんにく（みじん切り）… 1片
トマト水煮缶（カット）… 1缶
コンソメ（顆粒）… 大さじ1
塩 … 少々

作り方

1 すべての材料を袋に入れ、空気を
　抜いて袋の上のほうを結ぶ。

2 18〜20分湯煎する。

3 オリーブオイル（分量外）をたらす。

ワンポイント
ミネストローネはイタリア語で「ごちゃ混ぜ」。
お好みの野菜を入れてもOKです。

野菜不足が
気になる人に
おすすめです!

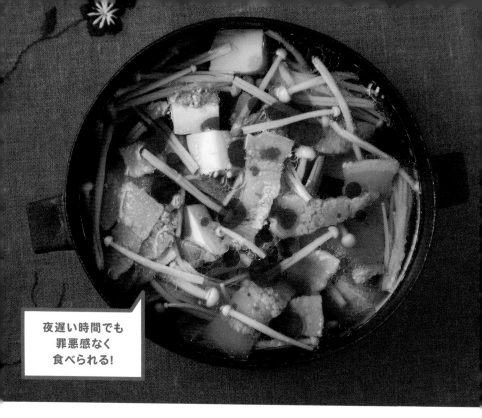

夜遅い時間でも
罪悪感なく
食べられる!

(スープ)

サンラータンスープ ····· ⏱ 25分

材料(2人分)

豚バラスライス肉(短冊切り)··· 2枚
えのきだけ(半分の長さ)··· 50g
豆腐(2cm角)··· 100g
水 ··· 300ml
鶏ガラスープの素(顆粒)··· 小さじ1
酢 ··· 大さじ2
しょう油 ··· 大さじ1
片栗粉 ··· 小さじ1

作り方

1 材料をすべて入れ、空気を抜いて袋の上のほうで結ぶ。

2 15分湯煎する。

3 器に盛り、ラー油(分量外)をたらす。

ワンポイント

中華麺や冷凍うどんにかけるなど、
アレンジを楽しめます。

トマトと卵の
黄金コンビ！

（ スープ ）

トマトと卵のスープ ····· 🕐 15分

材料（2人分）

卵…2個
トマト（ざく切り）
　…小さめ1個（約100g）
にんにく（すりおろし／チューブで可）
　…5g
鶏ガラスープの素（顆粒）…小さじ1
水…400ml

作り方

1 卵を袋に入れて、よく揉んで混ぜる。

2 残りの材料を1の袋にすべて入れ、
　空気を抜いて袋の上のほうで結ぶ。

3 10分湯煎する。

ワンポイント

最後にごま油か刻みネギを入れて
もおいしい。

(スープ)

卵の味噌汁 ····· 🕐 15分

材料（2人分）

卵 … 2個
A 水 … 400ml
 ┃ 和風だしの素（顆粒）… 小さじ1
 ┗ 味噌 … 大さじ1と1/2
万能ねぎ（小口切り）… 適量

作り方

1 袋にAを入れ、味噌をよく溶かす。

2 1の袋に静かに卵を落とし入れ、空気を抜いて袋の上のほうで結ぶ。

3 8〜10分（卵の好みの固さで）湯煎し、万能ねぎを散らす。

ワンポイント

味噌は溶けにくいので、袋の上からしっかり揉んで溶かそう！

袋を分けて、卵を好みの固さにしてみても！

冷凍のさといもを
使えば、皮むきの
手間なく簡単です！

(スープ)

芋煮汁 ····· ⏱20分

材料（2人分）

牛肉（一口大）… 100g
長ねぎ（斜め薄切り）
　… 1/6本
油あげ（短冊切り）… 1/2枚
しょうが（千切り）… 5g
冷凍さといも … 6個

水 … 400ml
和風だしの素（顆粒）
　… 小さじ1
しょう油 … 大さじ1と1/2
みりん … 小さじ1
七味唐辛子 … 少々

作り方

1 すべての材料を袋に入れ、空気
　を抜いて袋の上のほうで結ぶ。

2 15分湯煎する。

3 お好みで七味唐辛子をふる。

ワンポイント

しょう油とみりんを
麺つゆに変えれば、
もっとお手軽に！

洋食メニューの
副菜なら、どんな
料理にも相性抜群！

(和えるだけ)

キャロットラペ ····· 🕐15分

材料（2人分）

にんじん（千切り）… 1本
塩 … 少々
A オリーブオイル … 大さじ2
　ワインビネガー（酢でも可）… 小さじ2
　砂糖 … ひとつまみ
　塩 … 小さじ1/4弱
くるみ … 適量

作り方

1 にんじんは袋に入れて塩をふり、しばらく置いておく。

2 別の袋に**A**を入れて揉み、よく混ぜる。

3 **1**のにんじんの水気を絞り、**2**の袋にくるみも一緒に入れて和え、器に盛りつける。

ワンポイント

くるみは、調理する直前にローストするのがおすすめです。アーモンドやカシューナッツに変えても！

和食のおかずにも！
ヘルシーな
おつまみとしても！

(和えるだけ)

くずし明太豆腐 ····· ⏱10分

材料（2人分）

A 明太子（皮から外してほぐす）
　　　… 1腹
　しょう油… 小さじ1
豆腐（好みのもの）… 200g
かつお節… 適量
しそ … 1枚

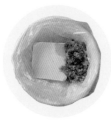

作り方

1 豆腐はキッチンペーパーなどに包み、
　電子レンジ（500W）で1分30秒加熱
　する。

2 袋にAを入れてよく混ぜる。

3 2の袋に豆腐を入れて、くずしながら
　混ぜる。

4 器に盛りつけ、しそをちぎって散らし、
　かつお節をかける。

ワンポイント

電子レンジで加熱することで、水気を切ることができ
ます。水っぽさがなくなり、よりおいしく仕上がります。

(和えるだけ)

長いものとろっと和え ····· ⏱10分

材料（2人分）

長いも（皮をむいておく）… 8cmくらい
長ねぎ（みじん切り）… 5cmくらい
ちりめんじゃこ … 大さじ3
いりごま（白）… 大さじ1
A ごま油…大さじ1
　にんにく（すりおろし／チューブで可）… 5g
　ナンプラー … 小さじ2
　みりん … 小さじ2
　トウバンジャン … 少々
パクチー（ざく切り）
　… 少々

作り方

1 長いもを二重にした袋に入れて、麺棒（またはコップの底など）でたたいて粗く砕く。

2 1の袋にAとパクチー以外の材料をすべて入れて混ぜる。

3 器に盛りつけ、パクチーをのせる。

> **だからアイラップ** すりおろすより簡単でトロリ＆シャクシャクの食感がやみつきになる！

ナンプラーと
パクチーで
即席エスニック料理！

(和えるだけ)

満月卵 ····· 🕐 5分

材料（2人分）

卵黄 … 2個
しょう油 … 適量

作り方

1 小さなココットなどに袋（小さいサイズ）を
広げて入れ、しょう油を注ぐ。

2 1に静かに卵黄を入れ、卵黄がしょう油に
浸かるようにする（しょう油が足りなければ、
ここで足す。卵黄を破らないように静かに
注ぐこと）。

3 袋の口を結び、一晩おく。豆腐やご飯の上
にのせて食べる。

ワンポイント

アボカドのタネをくり抜いたところに、満月卵をはめてもおいしく召し上がれます！

タッパーなどを使うより
少ないしょう油の量で
作れます！

あと1品が欲しいときの
お助け
クイックメニュー!

（　和えるだけ　）

マグロの漬け ····· ⏱20分

材料（2人分）

刺身用マグロ（2cm角）··· 150g
アボカド（2cm角）··· 1/2個
めんつゆ（2倍濃縮タイプ）··· 大さじ2
わさび··· 少々
きざみのり··· 適量
しそ··· 1枚

作り方

1 袋にマグロとめんつゆとわ
さびを入れて10〜15分おく。

2 器に1とアボカド、しそを盛
りつけ、きざみのりをのせる。

ⓌⓄⓃⓅⓄⒾⓃⓉ

ご飯の上にのせればポキ丼に、
卵黄をのせればマグロユッケに。
お気に入りのアレンジを見つけ
てみてください。

ワインを使った
大人の
フルーツサラダ

(和えるだけ)

マチェドニア ····· 🕐 20分

材料（2人分）

好みのフルーツ … 200g
A 白ワイン … 大さじ2
  グラニュー糖 … 大さじ2

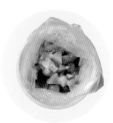

作り方

1 袋にAを入れて混ぜ、フルーツを入れる。

2 軽く混ぜ、15分ほどおく。

3 なじんだら器に盛りつける。

ⓌⓄⒾⓃⓉ

白ワイン以外のリキュールやブランデー
でもおいしいです。

(和えるだけ)

シリアルボール ···· 🕐 15分

材料（8個くらい）

クリームチーズ … 60g
あんずジャム（など好みのジャム）… 大さじ1
チョコシリアル（など好みのシリアル）… 適量

作り方

1 袋にクリームチーズとジャムを入れ、よく混ぜる。
　バットなどにシリアルを広げておく。

2 1の袋の角を切り、バットに広げたシリアルの上に、一口大に絞り出す。

3 スプーンや菜箸で転がすようにしてシリアルをまぶしつける。

ワンポイント

クリームチーズをしっかり混ぜることで、口当たりのよいなめらかな仕上がりになります。

季節のジャムを
使っても
おいしいです

PART

3

災害時に
役立つ
アイラップレシピ
——

災害が起こったときの節水の工夫に、
ラップやポリ袋が
便利に使えることが知られてきています。
この PART3 では、節水をするだけでなく、
アイラップの耐熱性を生かせば災害時でも、
温かい食事を作ることができる
防災レシピを紹介します。

（ 防災レシピの日常使いで 突然の災害に備えよう！ ）

　アイラップを使った防災レシピは、主に在宅避難をした人に向けたレシピです。災害時は、インフラがストップしてしまうこともあります。そんなときに常温で食べられる保存食は大変貴重ですが、もしカセットコンロとお鍋、水、そしてアイラップがあれば、災害時でも炊きたてのお米を食べられ、温かいおかずも作ることができるのです。

　私のブログには、「災害時にアイラップレシピのおかげで、温かいご飯を食べることができました。ありがとうございます」というコメントをしてくださる方もいます。温かい食事は、おなかを満たすだけでなく、私たちの気持ちを落ち着けて、心も満たしてくれるのです。

　ここで紹介するレシピは、できれば日常的に作って、その手順や分量に慣れておいてほしいというのが、防災士としての切なる思いです。日頃から慣れていないことは、いざというときにとっさにはできません。毎日とは言いませんが、時々作って手順を確かめてみてくださいね。

長田 香

主婦防災士。東京都出身。1995年の阪神淡路大震災から、災害は他人事ではないことを実感し、防災士の資格を取得。イベントの開催やセミナー講師を通して、防災の大切さを伝えている。2011年3月11日以降は、定期的に東北の津波被災エリアへの訪問も行なう。2019年から、アイラップを使った防災レシピの講習をしている。願いは「災害で誰も死なないで！」、合言葉は「助かるために行動しよう！」。

水の分量を変えるだけで
白米とおかゆが
ひとつの鍋で出来上がる

白米・おかゆ ····· 🕐 30分

材料（2人分）

無洗米（白米）… 1合　　　無洗米（おかゆ）… 1合
水（白米）… 1.2合　　　　水（おかゆ）… 5合
お好みのレトルトカレー　　梅干し … 適量
　　… 2パック

作り方

1 無洗米①と水をアイラップの中に入れる②。※米1に対して水の量は1.2倍という割合を覚えておけば、1合が測れなくても炊飯できる。軟飯（離乳食）は2倍、お粥は5倍で覚えておこう。

2 袋は空気を抜いて上のほうを結ぶ。通常の生米の場合は、30分ほど浸水させる。

3 沸騰した湯に袋を入れる。沸騰してから、ポコポコと湯が沸いた状態で25分湯煎する。レトルトカレーもここで一緒に温める。

4 袋を湯から取り出す。白米のほうは5分ほど蒸らして出来上がり③。

だからアイラップ

90mlの紙コップにすりきり1杯で炊くと、お茶碗1杯分。アイラップと一緒に防災グッズに入れておくと、いざというときに便利です。

ツナのさっぱり
スパゲッティ ····· ⏱ 40分

材料（2人分）

パスタ … 200g
大根おろし … 270g
ツナ缶（油を切っておく）… 2缶
オリーブ油 … 小さじ2/3
バター … 小さじ1と1/3

A 酢 … 小さじ2
　砂糖 … 大さじ1
　塩 … 小さじ1/2
　しょう油 … 大さじ1
きざみのり … 適宜

作り方

1 パスタを手で半分に折る①。

2 袋にパスタとパスタがひたひたに浸かるくらいの水（分量外）を入れる。空気を抜いて袋の上のほうを結び、白くふやけるまで30分～2時間程度浸ける②。

3 沸騰した湯に2を入れ、5分ほど湯煎する③。

4 3にAと大根おろし、ツナ缶、オリーブ油、バターを入れ、混ぜる。

5 器に盛りつけて、最後にきざみのりをかけて出来上がり。

だからアイラップ

パスタをアイラップに1人分ずつ小分けにしておけば、災害時には水を注いで湯煎するだけ。レトルトのパスタソースもセットで用意しておきましょう！ちなみに、早茹でパスタは水浸けには向きません。

非常食としても最適な
パスタは湯煎でも
おいしく食べられる!

しっとり蒸し鶏 ····· 🕐 20分

材料（2人分）

鶏むね肉 … 1枚
塩 … 肉に対して1%
市販のごまドレッシング
　　　… 適量
お好みでラー油

作り方

1 袋に鶏のむね肉を入れ、塩をふり入れ、揉み込む。

2 袋の空気を抜き、上のほうで結び、沸騰した湯に入れて15分湯煎する。途中で上下を返して、火の当たりが均一になるようにする。

3 火を止めてそのまま冷ます。食べやすい大きさにカットして、ごまドレッシングとお好みでラー油をかけて出来上がり。

だからアイラップ　蒸し鶏にすれば、停電したときに生肉を長持ちさせることができます。

パサつき知らずのむね肉で
災害時でもしっかり
タンパク質を摂取！

お吸い物の素を使った
簡単茶碗蒸しで
束の間のリッチを味わう

茶碗蒸し …… 🕐 10分

材料〈2人分〉

お吸い物の素 … 1袋
卵 … 1個
水 … 90ml

作り方

1 材料をすべて袋に入れ、よく揉んで混ぜ合わせる。

2 袋の空気を抜いて上のほうを結び、鍋に袋を入れ、中火にして5分湯煎する。

3 湯から袋を取り出して出来上がり。

だからアイラップ 湯煎調理なので火の入りがやさしく、ふるふるの仕上がりになります。

包丁を使わずに
子どもと一緒に
作ることもできる!

アイラップ焼きそば ···· ⏱20分

材料（2人分）

もやし … 1袋
千切りキャベツ … 1袋
ちくわ … 4本
焼きそば麺 … 2袋
ウインナー … 6個

作り方

1 もやしの袋に水を入れて口を持ってじゃぶじゃぶ洗い、水を切る。

2 袋にもやしとキャベツを入れて、その上に焼きそば麺を入れ、粉末ソースをかける。

3 ウインナーと竹輪を小さく切って2に加える。※沸いた湯でハサミの刃を消毒すれば、子どもでも手伝える。

4 3に水を小さじ1（分量外）を入れ、空気を抜いて袋の上のほうで結び、鍋に入れ、蓋をして5分湯煎したら火を止め、そのまま5分蒸らす。

5 袋の上から麺をほぐして全体を混ぜたら出来上がり。

ワンポイント

麺は加熱前にほぐすとボロボロになるので、加熱後にほぐします。

サバトマトスープ ⋯⋯ 🕐 30分

材料（2人分）

サバ缶（水煮缶）⋯1缶
トマトソース⋯1缶（295g）
大根（いちょう切り）⋯200g
黒こしょう⋯少々
白だし⋯少々
タバスコ⋯少々

作り方

1 材料をすべて袋に入れ、空気を抜いて袋の
  上のほうで結ぶ。

2 鍋に袋を入れて、25〜30分ほど湯煎して、
  大根が柔らかくなっていたら出来上がり。

だからアイラップ 同じ鍋で白米を湯煎して、
ご飯にかければ即席リゾットにも！

保存食の定番を合わせた
メインにも副菜にもなる
あったか汁物メニュー！

ひじきの煮物 ·····🕐 40分

材料（2人分）

乾燥ひじき（乾燥野菜入り）
　　…15g
水…100ml
白だし…大さじ3

作り方

1 袋の中に、すべての材料を入れて空気を抜き、袋の上のほうを結ぶ。

2 鍋に袋を入れ、10分湯煎したら火を止め、30分ほどそのままにしておく。

3 全体がなじんでいたら出来上がり。

だからアイラップ 　数分間沸騰させた後は余熱調理ができるので、ガスボンベの節約にもなります。

ひじきは戻さずに
そのまま使えるタイプを
ストックしておくと便利

具がたくさん入った
味噌汁があるだけで
食事の質はグンと向上

味噌玉 ····· ⏱ 5分

材料（2人分）

（ 麩の味噌玉 ）
味噌 … 15g
湯 … 160ml
麩 … 2個
切り干し大根 … 3g
削り節 … 適量

（ 油あげの味噌玉 ）
味噌 … 15g
湯 … 160ml
油あげ … 1/4枚
切り干し大根 … 3g
削り節 … 適量

作り方

1 おにぎりぽっけに、それ
ぞれ材料をすべて入れる。

だからアイラップ おにぎりぽっけがぴった
りのサイズ！ストックすることもできます。

2 袋の外側から揉み、味噌と具材を丸い形に整える。

3 器に味噌玉を入れて、お湯を注ぎ、よくかき混ぜれば出来上がり。

あたたかくてふかふか
やさしい甘さに
ホッとひと息つこう

卵蒸しパン ····· ⏱ 25分

材料（2人分）

卵 … 1個
ホットケーキミックス … 100g
水 … 100ml
米油 … 大さじ1

作り方

1 袋に材料をすべて入れ、袋の上から揉み、全体を混ぜ合わせる。

2 袋は空気を抜き、上のほうで結び、鍋に入れる。

3 20分湯煎したら出来上がり。

ワンポイント

湯煎の途中で上下を返すと、ムラなく仕上がります。

マシュマロふるふるデザート

····· 🕐 10分

材料(2人分)

マシュマロ … 50 g
牛乳 … 100ml
お好みのフルーツ … 適量

作り方

1 材料をすべて袋に入れて、空気を抜いて袋の上のほうで結ぶ。

2 鍋に袋を入れ、5分湯煎する。

3 湯から袋を取り出し、ミトンか布巾などで覆いながら揉み、マシュマロと牛乳をしっかり混ぜ合わせる。

4 粗熱が取れたら冷蔵庫に入れて冷やし固めて、お好みのフルーツをのせて出来上がり。

> **だからアイラップ** アイラップは-30度まで耐冷ができるので、早く食べたいときは冷蔵庫に入れてもOK。電気が止まっているときは、自然に冷めるまで待ちましょう。

牛乳と混ぜることでゼリーのような食感に

命あってのアイラップ!

防災訓練 & 実践編

アイラップが実際に使用され、人々の役に立った現場があります。
防災訓練では日本赤十字社山形県支部で行われた炊き出しの様子を、
実践では2018年9月に発生した、北海道胆振東部地震による
大規模停電を経験した人たちの活用例を紹介します。

 日本赤十字社 山形県支部 Japanese Red Cross Society | 2016年10月2日

災害に備えた防災研修と非常食作りを体験!

山形県酒田市下安町自治会館で、災害時に被災者へ食事を提供するための、非常食作りの研修会が開催された。今回で2回目となった防災研修には、自治会の婦人部20名が参加。近年、日本国内で多発する災害に対して、地域で防災・減災の取り組みの必要性や自助、共助の考え方などを学ぶのが目的だ。高畠町赤十字奉仕団我妻由美子委員長を講師として、アイラップを使った米の炊き出しとおかずの調理(肉じゃが、鶏のから揚げ風など)4品を、全員で体験と試食も実施。参加者からは、「災害の少ない山形県でも日常から備える大切さ、いざというときの行動、非常食の作り方など、とても内容の濃い研修であった」との感想があった。自治会長からは、「各自で反復して練習し、災害時に地域で互いに助け合えるようにしよう」と防災への意識を促した。

アイラップを使った炊き出しの準備

炊き出しには小学生も一緒に参加した

協力：日本赤十字社山形県支部

北海道胆振東部地震による大規模停電
【 2018年9月6日 】

ブログ
みきちゃんねる

出番は思いのほかはやく
備えあれば憂いなし

みきちゃさんとアイラップの出会いは
Twitter。実際に使ってみたところ、「ナニ
コレ便利じゃん！防災用にも最適そうだ
し、もっと買っておこう」と、考えていた
矢先に震度5の地震が発生。いずれ役に
立つと思って常備していたものの出番が、
思いのほかはやく訪れることになった。

かろうじてカセットコンロを持ってい
たため、停電の影響で炊かれることの
なかった炊飯器の中のお米と水をアイ
ラップに入れて沸騰した鍋へ。はじめ
てのアイラップ炊飯は、少し芯が残っ
てしまったそうだが、無事に成功。ほ
かの日は、作り置きや、冷凍のおにぎ
りをアイラップに入れて湯煎して停電
が復旧するまでをしのいだ。

アークレイ
@arkray_nico25

停電料理とは思えない
臨機応変な充実のレパートリー

停電発生時、アークレイさんはアイラッ
プに鮭とじゃがいも、きのこを入れて、
クレイジーソルトなどでマリネしたあと、
湯煎してコンフィを作り、同じ鍋でご
飯を湯煎解凍し、大葉のにんにくしょ
う油漬けをのせたおにぎりも用意した。

アークレイさんの住む地域は、停電と
一部の断水には見舞われたものの、幸
いガスは使えた状態。平常時のように
調理をすることもできたが、節水のた
め沸かしたお湯を保温調理器に移し、
夕飯の調理に使った。写真のほかに、
茹で野菜と白だしをアイラップに入れ
ておひたしにしたり、フレンチトース
ト用の卵液をアイラップで作ったりと、
アイラップを活用して停電中とは思え
ない料理の数々を作り上げた。

PART
4

キャンプで活躍

アイラップレシピ

―――

キャンプでは、
「いかに荷物をコンパクトにできるか」
「ゴミを少なくできるか」
「洗い物を出さないか」がポイント。
アイラップはこの３つを完璧に満たす優等生！
さあ、アイラップを持って
さっそくキャンプに出かけましょう！

(キャンプとアイラップは 抜群に相性がいい!)

　キャンプ場など野外環境で調理をするときは、なるべく洗い物を少なくしたいし、ゴミも減らしたいものです。だから、食材は事前に切って袋に小分けにして持っていくように心がけています。特に撮影で一度に何品も調理するようなときは、現場での時短にもなりますから。

　それから、キャンプといえば〝肉〞ですよね。ローストビーフや焚き火で炙るベーコンなど、一緒にキャンプする家族や仲間をもてなすとき、豪快でワイルドな肉料理が喜ばれます。そんなときも、事前に自宅で仕込んで、調味料に漬け込んだ状態でキャンプに持っていくと、当日調理するより断然おいしく仕上がるんです。

　つまり、キャンプと袋調理の相性は抜群なわけですが、もっぱらメジャーな青いのを使っていたぼくたち。ところがアイラップに出会ったら、コスパの高さに驚きました。撮影やイベントなど、本当に多くの袋を消費するものですから、アイラップのおかげで経済的にも助かっています!

パエリアン

キャンプ料理専門レシピサイト「ソトレシピ」代表・千秋広太郎と元イタリアンシェフ・藤井尭志によるキャンプ料理ユニット。キャンプ場での「ライブ感」と「業務用スーパー」をこよなく愛す。ふたりともキャンプのときに忘れ物が多いことから、その場にある食材、道具、パッションで作るフリースタイルアウトドア料理が得意。

麻辣醤を増やせば
スパイシーな
出来上がりに！

（ 漬け込み肉 ）

手羽元の
ホロホロ蒸し

····· 🕐 **20分**

※漬け込み時間を除く

材料（2人分）

手羽元 … 5〜6本
チンゲン菜 … 1/2束
にんにく … 1片
フライドオニオン … 適量
テンメンジャン … 大さじ1
ごま油 … 大さじ1
マーラージャン … 小さじ2
クコの実 … 適量

作り方

1 チンゲン菜を縦半分に切り、にんにくを
 みじん切りにする。

2 袋にすべての材料、調味料を入れて軽く
 揉んで漬け込む。

3 鍋で湯を沸かし、沸騰したら**2**を入れて
 弱火で15分火にかける。

ⓌⓄⓃⓅⓄⒾⓃⓉ

出来上がりで汁気が出るので、炊いたお米
を使っておじやにしてもおいしいです！

ローストビーフ ⋯⋯ 🕐 25分

材料(2人分)

牛もも肉 … 300g
にんにくチューブ … 適量
オリーブオイル … 小さじ2

しょう油 … 100ml
クレソン … 適宜

作り方

1　袋に牛もも肉、にんにく、オリーブオイルを入れて、よく揉み込む。

2　1にしょう油を入れて漬け込み、空気を抜いて袋の口を結ぶ。

3　沸騰したお湯に入れて、弱火で20分火にかける。

4　お好みの厚さにスライスして、クレソンを盛りつけ、茹で汁を容器に移して完成。

ワンポイント

茹でるだけだから、焦がさず誰でも簡単に作ることができます！

黒こしょうをかけると
おつまみにも
最高です！

漬け込みステーキ ……🕐 20分

ステーキなのに
ヘルシーな味わい
に仕上がります

材料（2人分）

牛ランプ肉 … 300g
玉ねぎ … 1個
にんにく … 1片
しょう油 … 大さじ2
みりん … 大さじ1
酒 … 大さじ1
はちみつ … 小さじ2
オリーブオイル … 小さじ2
ルッコラ … 適量
ミニトマト … 適量

作り方

1 玉ねぎ、にんにくをみじん切りに
  する。

2 袋にランプ肉、玉ねぎ、にんにく、
  調味料を入れて揉み込み、袋の
  口を結んで漬け込む。

3 鍋に湯を沸かし、沸騰したら2を
  入れて、弱火で15分火にかける。

4 ルッコラ、ミニトマトと盛りつけ、
  上から煮汁をかけて完成。

ワンポイント
サーロインでも同じように
作ることができます。

袋に残った汁を
煮詰めて絡めると
辛みが際立ちます

(漬け込み肉)

バッファローチキン ·····🕐 20分

材料（2人分）

手羽先 … 5〜6本
ケチャップ … 大さじ2
タバスコ … 適量
酢 … 小さじ2
ウスターソース … 小さじ2
にんにくチューブ … 適量
パプリカ（黄）… 1/2個
イタリアンパセリ … 適量

作り方

1 袋に手羽先、調味料を入れて揉み込み、
  空気を抜きながら袋の口を結び、漬け
  込む。

2 鍋に湯を沸かし、沸騰したら1を入れて、
  弱火で15分火にかける。

3 パプリカをくし切りにし、イタリアン
  パセリをきざみ、盛りつける。

4 お好みで煮汁を煮詰めたソースをかけ
  て完成。

だからアイラップ 　揚げないで作れるので、
洗い物も手間も少なくてすみます。

お肉をバーナーで
炙ると、よりおいしく
召し上がれます

(漬け込み肉)

豚バラの西京漬け ····· 🕐 25分

材料（2人分）

豚バラブロック … 300g
にんにくチューブ … 適量
西京味噌 … 大さじ2
みりん … 大さじ1
しょう油 … 小さじ2
酒 … 小さじ2
万能ねぎ … 適量
千切りキャベツ … 適量
ミニトマト … 適量

作り方

1 豚バラ肉を厚めにスライスする。

2 袋に豚バラ肉、にんにく、西京味噌、み
   りん、しょう油、酒を入れて揉み込んで
   漬ける。

3 鍋に湯を沸かし、沸騰したら**2**を入れて、
   弱火で20分火にかける。

4 万能ねぎをきざみ、キャベツ、トマト
   と盛りつけて完成。

だからアイラップ 漬け込んだお肉は冷凍
で10日ほど保存が可能です。

彩り野菜の南蛮漬け ····· ⏱ 20分

材料（2人分）

ナス … 2本
トマト … 1/2個
かぼちゃ … 1/10個
長ねぎ … 1/2本
ごま油 … 適量
酢 … 大さじ1と1/3
しょうゆ油 … 大さじ1と1/3
みりん … 大さじ1と1/3
だし汁 … 100ml
鷹の爪 … 適量

作り方

1 ナスのヘタを落とし、格子状の隠し包丁を入れて1/4に切る。トマトはくし切りに、かぼちゃは5mm幅にスライスする。

2 袋に調味料を入れ、1を入れて口を結ぶ。

3 鍋で湯を沸かし、沸騰したら2を入れて10分火にかける。

4 長ねぎをみじん切りにし、かければ完成。

> **だからアイラップ**
> 加熱しすぎると野菜が溶けてしまうので、野菜の様子を見ながら仕上げてください。

季節の野菜を使って
試してみてください！

冷凍枝豆を使うと
塩を控えめに
作ることができる!

（ おつまみ ）

エダマメチーノ ····· 🕐 15分

材料（2人分）

枝豆 … 1パック
にんにく … 1片
塩 … 適量
オリーブオイル … 大さじ1と1/3
鷹の爪 … 適量
アンチョビ … 適量

作り方

1 枝豆を解凍または塩茹でする。

2 にんにく、アンチョビをみじん切りに、鷹の爪は輪切りにする。

3 袋に、枝豆、2を入れ、オリーブオイルと塩を入れて口を結び、よく揉み込む。

4 鍋で湯を沸かし、沸騰したら3を入れて、10分火にかけて完成。

ワンポイント

生の枝豆を使うときは、お湯に入れる前に
よく揉み込むとおいしく仕上がります。

（ おつまみ ）

しんじょ風つくね …… ⏱ 25分

材料（2人分）

エビ … 30g
鶏ひき肉 … 150g
豆腐 … 100g
卵 … 1個
しょう油 … 小さじ2

塩 … 適量
だし汁 … 100ml
万能ねぎ … 適宜
ゆず … 適宜

作り方

1 エビを細かく刻み、袋に鶏ひき肉、豆腐、エビ、卵を入れて、よく揉み合わせ、空気を抜きながら袋の口を結ぶ。

2 袋にしょう油、塩、だし汁を入れ、そこに1を入れて袋の口を結ぶ。

3 鍋で湯を沸かし、沸騰したら2を入れて、20分火にかける。10分ほど経ったら、2を天地返しする。

4 お皿にすべて盛って完成。お好みで三つ葉やゆずの皮をのせる。

⑦ン⑦イン⑤

きれいに空気を抜いてあげないと、つくねがボロボロになってしまうので要注意！

魚だけでなく
イカでも同じように
作ることができます！

(おつまみ)

白身魚の中華蒸し ····· 🕐 20分

材料（2人分）

白身魚 … 2切
しょうが … 適量
にんにく … 適量
白髪ねぎ … 1/4本
糸唐辛子 … 適量
日本酒 … 大さじ2
ナンプラー … 大さじ1と1/3
ごま油 … 小さじ2
トウバンジャン … 小さじ2

作り方

1 しょうが、にんにく、ねぎを細め
  の千切りにする。

2 袋に白身魚、しょうが、にんにく、
  調味料を入れて袋の口を結ぶ。

3 鍋で湯を沸かし、沸騰したら2を入
  れて、15分湯煎する。

4 器に盛って、白髪ねぎ、糸唐辛子
  をのせて完成。

ワンポイント

辛いのがお好きな方はトウバンジャン
を増やしてお試しください！

パスタなどに
合わせてもおいしく
召し上がれます!

(おつまみ)

ヤリイカのトマト煮込み ⏱15分

材料(2人分)

ヤリイカ(イイダコでも可)… 1パック
オリーブオイル … 大さじ1
にんにく … 1片
アンチョビ … 1缶
厚切りベーコン … 100g
コンソメキューブ … 1個
トマトジュース … 200ml
ブラックオリーブ … 4〜5個
イタリアンパセリ … 適量

作り方

1 ヤリイカの骨を抜き、にんにく、アンチョビをみじん切りに、ベーコンを短冊切りにする。

2 袋にヤリイカ、オリーブオイル、アンチョビ、にんにく、そのほかの調味料をすべて合わせて軽く揉み、袋の空気を抜いて口を結ぶ。

3 鍋で湯を沸かし、沸騰したら3を入れて、10分湯煎する。

4 イタリアンパセリをきざみ、盛りつけて完成。

ⓦⓝⓟⓞⓘⓝⓣ

加熱前に揉みすぎるとヤリイカがつぶれてしまうので、優しく揉んでください。

アイラップパエリア

····· 🕐 25分

材料（2人分）

米 … 1合
むきエビ … 4 〜 5個
ムール貝（あさりでも可）… 5 〜 6個
玉ねぎ … 1/4個
パプリカ（黄）… 1/8個
パプリカ（赤）… 1/8個
パエリアシーズニング … 1袋
水 … 180ml
イタリアンパセリ … 適量

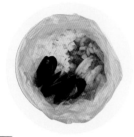

作り方

1 玉ねぎをみじん切りに、パプリカ（黄、赤）を小さめのさいの目切りにする。

2 袋にすべての材料を入れ、パエリアシーズニングを入れて軽く揉み合わせる。

3 鍋で湯を沸かし、沸騰したら2を入れて20分弱火で火にかける。

4 器に盛り、イタリアンパセリを添えて完成。

ワンポイント

エビに尾が付いているものは外してから袋に入れてください。袋が破けてしまう可能性があります。

10分経ったら
ひっくり返すと
上手に炊ける!

（ ズボラ ）

簡単キーマカレー …… ⏱ 25分

材料(2人分)

豚ひき肉 … 100g
玉ねぎ … 1/2個
にんにく … 1片
にんじん … 1/4本
パプリカ(黄) … 1/4個
サラダ油 … 大さじ1
ガラムマサラ … 小さじ1
カレールー … 2片
パクチー … 適量

作り方

1 玉ねぎ、にんにくをみじん切りに、にんじん、パプリカ(黄)を小さめのさいの目に切る。

2 袋にすべての食材を入れて、よく揉み込み、空気を抜きながら袋の口を結ぶ。

3 鍋で湯を沸かし、沸騰したら**2**を入れて、弱火で20分湯煎する。

4 パクチーをみじん切りにしてのせ、ご飯(分量外)にかけて完成。

だからアイラップ

はじめに軽く揉んで、ひき肉をほぐしてあげると固まりになりにくいです。

ご飯だけでなくパスタでもおいしく召し上がれます!

（ ズボラ ）
牛肉赤ワイン煮込み ····· 🕐 25分

材料（2人分）

牛肉薄切り肉 … 100g
玉ねぎ … 1/2個
赤ワイン … 150ml
はちみつ … 小さじ1/2
キューブコンソメ … 1個
塩 … 適量
こしょう … 適量
オリーブオイル … 適量

作り方

1 牛肉を食べやすいサイズに切り、玉ねぎをスライスする。小鍋で赤ワインを沸騰させる。

2 袋に1とすべての調味料を入れて、牛肉がほぐれるようによく揉む。

3 鍋に湯を沸かし、沸騰したらら2を入れて、弱火で20分火にかける。

4 肉が固まっていたら、袋の中でほぐし、皿に盛りつけ完成。

ワンポイント
赤ワインのアルコールを先に沸かすと、コクがものすごくアップします！

袋で煮るだけなのに
本格的な
煮込み料理に！

（ズボラ）

簡単牛丼 ·····🕐 30分

材料（2人分）

牛肉（切り落とし）… 100g
玉ねぎ … 1/4個
しらたき … 50g
しょう油 … 大さじ1と1/3
みりん … 大さじ2
酒 … 大さじ1
だし … 50ml
米 … 1合
水 … 180ml
紅しょうが … 適量

作り方

1 玉ねぎをスライスし、牛肉、しらたき
　を食べやすいサイズに切る。

2 袋に牛肉、玉ねぎ、しらたき、しょ
　う油、みりん、酒、だしを入れて、
　牛肉をほぐすように揉み、空気を抜
　きながら口を結ぶ。

3 米と水を別の袋に入れ、空気を抜き
　ながら口を結ぶ。

4 鍋に湯を沸かし、沸騰したら2、3を
　入れて弱火で20分湯煎する。

5 器にご飯と4を盛り、紅しょうがを
　のせて完成。

ワンポイント

火にかける前に牛肉をほぐさないと火が
入りにくいので注意。

牛肉だけでなく
豚肉でもおいしく
召し上がれます！

(ズボラ)

茹でオムレツ ····· 🕐15分

材料（2人分）

卵 … 4個
玉ねぎ … 1/4個
合びき肉 … 50g
牛乳 … 50ml
チーズ … 適量
ケチャップ … 適量

作り方

1 玉ねぎをみじん切りにする。

2 袋に**1**と卵、ひき肉、牛乳、チーズを入れてよく揉んで混ぜる。

3 袋の空気を抜き、口を結ぶ。

4 鍋で湯を沸かし、沸騰したら**3**を入れ、弱火で18分湯煎する。9分経ったら上下をひっくり返す。

4 袋から器に盛って、ケチャップを盛りつけて完成。

ワンポイント

卵の白身がなくなるように揉み込むと、きれいなオムレツができます！

フライパンよりも
きれいな
オムレツが作れる!

キャンプで
本格韓国料理が
簡単に作れる!

(ズボラ)

入れるだけの
簡単チャプチェ

····· 🕐 25分

材料(2人分)

玉ねぎ ··· 1/2個
にんじん ··· 1/2本
ピーマン ··· 2個
シイタケ ··· 2個
合びき肉 ··· 100g
春雨 ··· 30g
ごま油 ··· 小さじ2
にんにくチューブ ··· 適量

A 水 ··· 100ml
| しょう油 ··· 大さじ2と2/3
| みりん ··· 大さじ2
白ごま ··· 適量

作り方

1 玉ねぎ、にんじん、ピーマン、シイタケを千切りにする。

2 袋に1、合びき肉、春雨、調味料、Aをすべて入れる。

3 合びき肉がほぐれるように袋を揉んだら、空気を抜いて
袋の口を結ぶ。

4 鍋に湯を沸かし、沸騰したら3を入れて、弱火で20分湯
煎する。

5 器に盛りつけ、白ごまをふりかけて完成。

ワンポイント

春雨を水に戻さず使えば、汁気も減っておいしく仕上がります!

みんなの

アイラップ
ユーザーさんに
聞いてみた

アイラップ。

（ 活用法＆レシピ ）

......

愛され続けて40年のロングセラー！
お茶の間での使用例やレシピを、
どーん！とご紹介いたします。

レシピ

鶏の手羽元に、しょう油、みりん、にんにく、砂糖を入れてモミモミして、そのまま冷凍します。時間がないときには、冷凍庫から取り出したのち、オーブンで180度で30分焼けば出来上がり！

 愛知県｜牧さん

活用

お料理の時短や小分けの冷蔵に使っています。魚はくっつかないし、チーズや切った油揚げもパラパラですごいと思います。

 兵庫県｜言の葉　雫さん

活用

おすすめの使い方は、肉まんをひとつずつ袋詰めして、冷凍保存すること！　結び目を解いて電子レンジで加熱すれば、手も汚れずに簡単おやつになります。

 大阪府｜田中さん

活用

食品保存のときに、ウェーロックのクリップ（耐熱温度−20〜140度）を使っています。液体でも使えて、毎回アイラップを捨てずにすみます。また、少量のパン生地なら、アイラップに材料を入れてこねることも。低温調理にも使っています。

 北海道｜塩越さん

活用

カップうどんやラーメン、カレー飯をアイラップに入れて持参します。そのままお湯を入れれば、食器を汚さずに食べられ、コッヘル（アウトドア用のアルミ鍋）もお湯を沸かすだけなので清潔です。

 群馬県｜稲田さん

「アイラップ」でご飯を炊いたら、「なんでもシート」に移して、梅酢で味付けをして「おにぎりぽっけ」で超簡単おむすびを作りました。

富山県 | 森田さん

ジップロックコンテナでぬか漬けを漬けているのですが、蓋をする前になんでもシートをかぶせておくと、冷蔵庫の中でほかの食品ににおいが移らなくて助かっています!

兵庫県 | 山田さん

アイラップに、カットしたりんご、レモン汁、お好みでお砂糖などを入れ耐熱皿にのせて電子レンジで加熱。りんごのコンポートの完成! 調理以外だと、アイラップに刻んだ新聞紙を詰めれば、梱包材の代わりになります。

宮城県 | paguさん

アイラップでピーマンの肉詰めのタネを作ります! みじん切りの玉ねぎをアイラップに入れて電子レンジで加熱。冷めたら、ひき肉と調味料を入れて揉みます。袋の端を切ってピーマンに直接絞り出して焼いたら完成です! 手が汚れないので楽です。

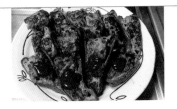

東京都 | 鈴木さん

アイラップに出会い、無理なくダイエットに成功しました! 食材の栄養価と美味しさをそのままいただけるので、とても助かっています。

福岡県 | 境さん

冷凍の今川焼きを、3回に分けて電子レンジで加熱。ひっくり返しながら加熱すると、ふわっふわの今川焼きになります。ほかには、冷凍ほうれん草と冷凍コーン、細切りベーコンを入れて混ぜたものを冷凍庫へ常備しています。必要な分ずつ電子レンジで加熱して、お弁当に入れています。スープやパスタの具にすることもあります。

東京都 | しあさん

アイラップ公式さんにRTしていただき、反響の多かった**サーモンの塩昆布漬け**です。なんでもシートを敷いてサーモンを切り、塩昆布をまぶしていい感じに鮭を重ね、そのままなんでもシートでぴっちり包みます（このほうがしっかり空気が抜けるので）。包んだらアイラップに入れて冷蔵庫で一晩寝かせて出来上がり。

 千葉県 | 穂積さん

調理用具として使っています。調理が終わった後は、猫のトイレのゴミを捨てるのに活躍しています。あと、折りたたみ傘をバッグに入れるときにアイラップに入れてからバッグに入れると濡れないですし、ごみ箱がないときもさっとゴミが捨てられるので、出かけるときには必ず1枚は常備しています。

 東京都 | ミネさん

キャベツを刻んでさっと水で洗い、アイラップに入れて電子レンジで加熱。鶏皮を茹でて細く刻んで、電子レンジで加熱したキャベツの袋の中に入れる。ぽん酢とごまを入れて、揉んだら出来上がり！

 佐賀県 | 梅北さん

焼いたスペアリブを、昆布だし…小さじ2、醤油…大さじ2、砂糖…大さじ2、お酒…大さじ2、みりん…大さじ1、生姜の薄切り…3枚、あれば青ねぎの頭…数本、に漬け込んで、湯煎！ 火は中火にして15分待てば、トロトロになります。

 千葉県 | 宮下さん

よくパンを焼いているのですが、粗熱の取れたパンを1個ずつアイラップに入れて、常温で保存しています。通常のラップだと蒸気でパンにくっついてしまったり、電子レンジで加熱するとぺちゃんこになってしまったり、タッパーだと翌朝温めるときにお皿に出さないといけなかったり、いろいろ試しては失敗していたのですが、アイラップをTwitterで知ってからはずっと愛用しています！ 自宅でパンを焼いている方におすすめです！

 愛知県 | 西川さん

主に料理に使っています。味玉やピクルスなど、漬けておく料理は調味料が少なくてすみますし、容器も汚しません。強度があるので、じゃがいもをつぶしてポテサラにしたり、2枚重ねにしてうどん生地をこねたりもしています。ほかには、水に濡らしたタオルをアイラップに入れて電子レンジで加熱、蒸しタオルにして寝癖直しやマッサージに使っています。

富山県｜鍛冶さん

オクラを電子レンジで加熱して、副菜をよく作ります。**オクラのマヨかつお節和え**がおすすめです！ オクラを食べやすい大きさに切って電子レンジで加熱。アイラップの中にマヨネーズとかつお節を適量入れて、混ぜ合わせれば出来上がり！

北海道｜猛牛打線さん

アイラップに、卵、牛乳、砂糖、メープルシロップを入れてよく揉む→パン粉を入れて卵液を染み込ませる→卵焼き用のフライパンを火にかけてバターを溶かす→卵液パン粉をフライパンに広げて四角く成型→両面焼けば、フレンチトーストの出来上がり！ パン粉が普通の食パンのようになります！

桃の保存が、思いつきでやったわりにうまくいって感動しました！ 桃をネットがついたままアイラップに入れる→空気を抜いて口を結ぶ→チラシでくるんで野菜室で保存したところ、2週間以上も保存できました！ 甘みも抜けず、美味しかったのが驚きでした。

神奈川県｜しおさいさん

飯盒(ごう)にご飯をよそうときに、米粒がくっつかないようにするのに使っています！ かつて自衛隊にいたのですが、レーション（軍事用の食事）をよそうときの汚れ防止に使っていました。

神奈川県｜横溝さん

レシピとは言えないレベルですが、我が家は固茹で卵が大好きなので、以前から炊飯器に入れてご飯を炊くのと同時に作っていました。ただ炊き上がった時に取り出すのが熱いのと殻にご飯のベトベトが付くのが難点だったので、ある日何気ない気持ちでアイラップに入れて調理したら取り出し簡単、ベトつきなしでした。オマケに子どもの感想ですが、殻が綺麗に剥けるそうです。材料は、米…適量、生卵…2〜5個（我が家は10合炊きの炊飯器で2合2〜3個）、水…米の分量だけ作り方は、1.米はいつも通りの手順で釜にセットします。2.水もいつも通りで大丈夫。3.アイラップの口を広げて卵をアイラップごと米に突き刺すイメージでグリグリ入れて立てる。入れる分量は1袋に2個がベスト、3個が限界です（我が家は10合炊きで5個まで、5合炊きだと3個程度では？）。4.軽く口をひねっておく（袋の口にご飯がつくのを防ぐ程度、ひねらなくても問題なし）。5.スイッチONで炊きあがりを待つ。6.袋の先を持てば熱さ知らずで取り出し簡単！そのまま流水にさらして冷ます。7.殻剥きのときもそのままアイラップに殻を捨てられて便利です。

 京都府｜青木さん

離乳食期の子どもがいるので、離乳食を作るのに活用しています！野菜を分けて茹でるのにとても便利なので家に常備しています。

 福島県｜柳沼さん

（ 具だくさんのチーズオムレツ ）
アイラップに卵1個、牛乳大さじ1（なくてもOK）、ミックスチーズ大さじ3くらいを混ぜて皿の上に置いて、電子レンジで600Wで1分半加熱する（様子を見てさらに10〜30秒ずつ追加で加熱）。小学3年生の子どもが一人で作れます。ベーコンやキノコ、ブロッコリーの具材を入れるときは、具材だけ先にアイラップで加熱してから加えます。

 長崎県｜ツツミさん

（ 鮭の香草焼き ）
生鮭をアイラップに入れて塩をふり、オリーブオイルを回しかけ、ローズマリーを1枝入れて袋の上からモミモミ。そのまま冷蔵庫に入れて2時間寝かせる。食べる直前に焼くだけ。ほかの野菜も買って漬けておくとさらに美味しい！

 神奈川県｜笠原さん

おばあちゃんがずっとアイラップを使っていて、目につくところによく置いていました。冷凍庫は常にアイラップに包まれた食材でパンパンでした。おばあちゃんと時々作っていたクッキーは、アイラップに食材を入れて混ぜていました。モミモミ担当はいつも私だったのがいい思い出です。今でも冷凍保存などに使っています。

 福島県｜佐藤さん

（ 鶏肉のトマトソース煮 ）
鶏のむね肉、玉ねぎ、にんじん、ピーマン、トマトソースをアイラップに入れて10分湯煎すれば完成です。

兵庫県｜小松さん

（ ポテト ）
切ったじゃがいもをアイラップに入れて電子レンジで加熱（500W 6分）。ちょっと冷まして、片栗粉（大さじ2）を入れ、アイラップをふりふり。オリーブオイル（大さじ3）をひいたフライパンにじゃがいもを入れる。→シュワシュワしたら取り出す。カリカリホクホクです！

（ ローストポーク ）
簡単でおすすめです。豚肩ロースに塩・こしょうをすり込んで、砂糖、日本酒、しょう油をアイラップに熱湯を入れた炊飯器に入れて、保温状態で4～6時間放置すれば出来上がりです。

新潟県｜渡辺さん

（ おいなりさん ）
アイラップに、半分に切って開いた油あげ2枚と、砂糖、みりん、しょう油各小さじ2と、水大さじ3入れて軽く揉み、電子レンジで1分半加熱する。別のアイラップに、ひじき大さじ2（水で戻す）、細切りのにんじん2cm、枝豆や糸こんにゃく少量、しょう油、みりん、酒、砂糖、水各大さじ1弱を入れて混ぜ、電子レンジで5分加熱する。粗熱が取れたら、ご飯とひじきを混ぜ、油あげの中に詰めておいなりさんの出来上がり。

神奈川県｜小澤さん

（ バナナジュース ）
バナナ（完熟～傷みかけ大歓迎、ほかの果物でも可）、牛乳、果物に甘みが足りなければ砂糖、練乳、はちみつをお好みで。以上をアイラップに入れて揉むだけ。

宮崎県｜西原さん

（ 白菜マヨネーズサラダ ）
細切りにした白菜と塩をアイラップに入れてフリフリ→2分ほど電子レンジで加熱。粗熱が取れたら水分を絞る→砂糖を少し、顆粒の和風だし、すりごまたっぷり、かつおぶし、マヨネーズを入れて揉んで出来上がり！ 家族にも好評です。

大分県｜蔦谷さん

Twitter アカウント

アイラップ【公式】中の人 インタビュー

アイラップの名を日本中に認知させた立役者のアイラップ【公式】中の人さんに、
Twitterを始めたきっかけや、投稿時に心がけていること、フォロワーの
心を掴むツイートをするために気にかけていることなど、お話を伺いました！

Q Twitterを始めたきっかけは何ですか？

 アイラップ【公式】
@i_wrap_official | 始まりは「おにぎりぽっけ」

もともとは自分が開発を担当した商品『おにぎりぽっけ』を宣伝したかったのがきっかけ
です。上司に何度か交渉をして、「3カ月の期間限定アカウントなら」と、許可をもらって
アカウントを開設しました。名前を「アイラップ【公式】」にしたのは、すでに一部の地域
ではアイラップの認知度が高かったのと、既存のファンに宣伝したかったからです。

Q フォロワーを増やすためにどんなことをしましたか？

 アイラップ【公式】
@i_wrap_official | 転機は「中の人」への切り替え

最初は試行錯誤の連続でした。開始1カ月目で投稿が話題となり、徐々に認知度が上がっ
ていきました。徐々にメディアからの取材も増え、期間限定アカウントだったのもいつの
間にか延長に。途中で「中の人運用」に切り替えたのが転機となり、さまざまな企業アカ
ウントとの交流やコラボ企画も増えて、新たなファンが着実に増えてきて嬉しいです。

Q Twitterで心がけていることや、やりがいはありますか？

 アイラップ【公式】
@i_wrap_official | 多くの人に使ってもらう喜び

ツイートは客観的に捉えるようにしつつ、自然体でいることを意識して運営しています。
自分が仕事で関わった我が子にも等しい商品たちが世に広まり、多くの人に使われて喜ば
れることは、とてもやりがいを感じますね。Twitterを通して、使ってくださる人たちの
生の声に日々耳を傾けて、新商品の開発やデザイン業務へのヒントにもしています。

知名度を一躍上げた記憶に残るツイート!

アイラップ【公式】
@i_wrap_official

アイラップは全国区商品。
一部地域限定の商品ではありません(；ω；)

ただ売上の75%が新潟、山形、富山、石川、福井に集中しているだけなの…。

すっごく便利なんだけどなぁ…。
応援してくれる人RTプリーズ… _(:3」∠)_

#一般人の方が時々誤解しておられること #アイラップ #応援RTお願いします

午前10:48・2018年7月18日・Twitter for iPhone

1.1万 件のリツイート　　**1,318** 件の引用ツイート　　**8,259** 件のいいね

> すべてはこのツイートから始まった。2020年11月17日時点のフォロワー数は12.4万人!

アイラップ【公式】
@i_wrap_official

アカウントが飛躍するきっかけとなった、自身のツイートは思い出深いです。アイラップは地域性が強い商品。とくに日本海沿岸の新潟・山形・富山・石川・福井に売り上げの75%が集中している状況です。数としては少ないですが、全国的に流通しているのに、なかなか普及しないことをボヤくようにツイートをしました。そのツイートが話題を呼び、一躍全国に商品が広まりました。まさか、ボヤいたツイートが話題になるとは思いもしませんでした。

アイラップ【公式】中の人の

推し商品ベスト③

商品のデザインも担当している、アイラップ【公式】中の人さん。使い勝手だけでなく、デザイン面からのおすすめコメントも!

① おにぎりぽっけ

アイラップ【公式】
@i_wrap_official

「握る→持ち運ぶ」までを完結できるポケット状のシートで、三角おにぎりが簡単にできます。幅広い年代に使いやすいようシンプルなデザインに仕上げました。

② なんでもシート

アイラップ【公式】
@i_wrap_official

その名の通り、幅広い使い方ができるシートです。まな板の汚れ、ニオイ移り、色移りを軽減することができるほか、食材の仮置き場や作業場が欲しいときに洗い物を減らせます。

③ 小さなふくろ

アイラップ【公式】
@i_wrap_official

リピート率が高い「アイラップミニ」を全国に広めようと、デザインを一新し、さらに使いやすくエンボス加工を施した改良版です。食パン一枚がぴったり収まるのが人気です。

食材別 INDEX

【 STAFF 】

取材協力	岩谷マテリアル株式会社
商品に関する 問合せ先	岩谷マテリアル株式会社 お客様相談室 ☎03-3555-3214
レシピに関する 問合せ先	山と溪谷社 ☎03-6744-1900（代表）
ブックデザイン	三浦逸平（miura design office）
写真	三輪友紀（スタジオダンク）、矢部ひとみ
校閲	戸羽一郎
制作協力	しらいしやすこ、長田香、パエリアン（ソトレシピ）
編集協力	吉川愛歩
編集	松坂捺未、渡辺有祐（フィグインク） 五十嵐雅人（山と溪谷社）

アイラップレシピ

2021年 1 月 5 日　初版第1刷発行
2024年 8 月 1 日　初版第12刷発行⑬

著者	アイラップ愛好会
発行人	川崎深雪
発行所	株式会社山と溪谷社 〒101-0051 東京都千代田区 神田神保町1丁目105番地 https://www.yamakei.co.jp/
印刷・製本	株式会社光邦

●乱丁・落丁、及び内容に関するお問合せ先
山と溪谷社自動応答サービス
TEL.03-6744-1900
受付時間／ 11:00-16:00（土日、祝日を除く）

メールもご利用ください。
【乱丁・落丁】service@yamakei.co.jp
【内容】info@yamakei.co.jp

●書店・取次様からのご注文先
山と溪谷社受注センター
TEL.048-458-3455 FAX.048-421-0513

●書店・取次様からのご注文以外のお問合せ先
eigyo@yamakei.co.jp